智元微库
OPEN MIND

成 长 也 是 一 种 美 好

一日一言

把不可能变为可能的能量

［日］ 稻盛和夫 —— 著　　曹岫云 —— 译

人民邮电出版社

北京

图书在版编目（C I P）数据

一日一言：把不可能变为可能的能量 ／（日）稻盛
和夫著；曹岫云译. — 北京：人民邮电出版社，
2024.10
　　ISBN 978-7-115-64018-5

　　Ⅰ. ①一… Ⅱ. ①稻… ②曹… Ⅲ. ①稻盛和夫（
Kazuo，Inamori 1932-2022)—人生哲学 Ⅳ.
①K833. 135. 38②B821

中国国家版本馆CIP数据核字(2024)第054847号

版权声明

INAMORI KAZUO ICHINICHI ICHIGEN UNMEI WO TAKAMERU KOTOBA

© Kyocera Corporation 2021

Originally published in Japan in 2021 by CHICHI PUBLISHING CO,LTD.

Chinese（Simplified Character only）translation rights arranged with CHICHI PUBLISHING
CO, LTD. Through TOHAN CORPORATION, TOKYO.

◆　　　著　　[日]稻盛和夫

　　　　　译　　曹岫云

　　　责任编辑　王铎霖

　　　责任印制　周昇亮

◆　人民邮电出版社出版发行　　　　北京市丰台区成寿寺路 11 号

邮编　100164　　电子邮件　315@ptpress.com.cn

网址　https://www.ptpress.com.cn

三河市中晟雅豪印务有限公司印刷

◆　开本：720×960　1/32

印张：12.625　　　　　　　　　　2024 年 10 月第 1 版

字数：105 千字　　　　　　　　　2025 年 8 月河北第 3 次印刷

著作权合同登记号　图字：01-2023-5486 号

定价：69.80 元

读者服务热线：（010）67630125　　印装质量热线：（010）81055316
反盗版热线：（010）81055315

接受思想的能量

有人称稻盛和夫为圣人。稻盛先生说："我是一个极为普通的男人。如果我是圣人的话，只要你们同我有一样的想法，像我一样努力，你们也能成圣人。"

我们的良知同稻盛先生一模一样，不比他少一点，也不比他差一些。但我们没有，也很难成为稻盛先生那样的人。这是为什么？

因为我们的思想没有稻盛先生那样纯粹，我们的努力，包括思考方面的努力，也远不如他，我们的能量不够。

燃烧自己的热情，持续无止境地努力，透彻思考事物的本质，不断追问"作为人，何谓正确"；在这个过程中，稻盛先生积聚了巨大的能量，这种满满的能量凝结在他的金玉良言之中。

稻盛先生说，《一日一言》向读者转移了他的能量。如果从稻盛先生身上转移过来的能量，我们每天都能接受一点点，366 天不断积累，我们就会逐步向稻盛先生接近，稻盛的思想就会变成我们自己的东西，变成我们在自己的人生和工作中可以使用的东西。这样的话，我们就可能取得远超自己想象的成功和幸福。

而这正是稻盛先生对我们的期待，这也是本书出版的意义所在。

曹岫云

发自灵魂的语言，即使表达略显稚拙，也能直达听者的灵魂，给人以感动。

这是因为，在承载着"整个身心"的语言里，蕴藏着某种"灵力"。这就是日文中所说的"言灵"。

拼命努力，无论如何也要让对方理解，这种发自内心深处的声音，比起单纯为了说话而使用的语言，诉求力强是确凿的。之所以能引发对方的感动，就是因为这个。

在 *PHP* 杂志（1986 年 9 月号）[①] 上，我写了上面这段话。

实际上，倾注自己的全部心血，就像从灵魂中喷发

---

① *PHP* 杂志是由松下幸之助创立的 PHP 研究所发行的杂志。——编者注

而出，这样的讲话方式，是我一贯的风格。

从年轻时开始，在设立和追逐目标的时候，对于未来的蓝图、达成目标的具体步骤，乃至目标的社会意义，我都会透彻思考，并尽力向干部和下属做彻底的解释，直到进入他们的心底。

直说到他们由衷接受，点头称是，这时候我往往已经筋疲力尽。仿佛通过说话，我的能量已经全部注入对方身上，自己只剩下了一副躯壳。我把这称为"能量转移"。

本书就是我向诸位读者转移能量的书。我的"一日一言"，如果能到达诸位读者的魂灵，发挥作用，使大家的人生和经营更加丰富，结出更多的硕果，作为著者，那就是我的望外之喜了。

稻盛和夫

2021 年 9 月吉日

2月

3 月

4 月

5 月

6月

8 月

9月

10月

12 月

1月

人生·工作的结果 ＝ 思维方式 × 热情 × 能力

这个方程式用来解答如下问题：有没有一种方法，能够使只具备中等能力的人，也可以取得伟大的成就？通过切身的经验，我做出了上述回答。

首先，能力和热情可以分别从 0 分到 100 分打分。二者是相乘的关系。

认为自己并没有杰出的能力，因而燃起热情，比谁都更努力的人，同自以为能干而骄傲自满、懈怠努力的人相比较，前者获得的成就会远远高于后者。

在能力和热情之上，还要乘上思维方式。所谓思维方式是指人生态度，从 −100 分到 100 分打分。就是说，妒忌他人、憎恶社会、否定真挚的生活态度，这种思维方式就是一个负数。这种人能力越强、热情越高，其人生和工作结果的负值的绝对值就越大。

一个人是否持有正确的思维方式，是否持有高尚的人生哲学，将决定他迥然不同的人生。

1月3日

福泽谕吉对经营者应该具备的形象，刻画如下：

思想深远如哲学家，心术高尚正直如元禄武士①，加上小俗吏的才干，再加上土百姓的身体，方能成为实业社会的大人物。

这几句话与方程式中的三要素正好不谋而合。

"土百姓的身体"，指顽健的体魄，可以付出不亚于任何人的努力，相当于"热情"；"小俗吏的才干"，如果放任不管，可能"恶用"，但这种才干相当于经营者的"商才"或"能力"；而相当于"思维方式"的，就是"思想深远如哲学家，心术高尚正直如元禄武士"。

就是说，既具备哲学家所持有的卓越的思想，又具备元禄武士拥有的高尚的人格，再加上小俗吏发挥的才能，以及土百姓即农夫强健的体魄，才能成为出色的经营者。

---

① 元禄武士，即日本幕府时代的武士，因忠诚而被称颂，但这一故事存在时代局限，需客观看待。——编者注

几乎所有的人都没有觉悟到心性的重要性，都不关心美化心灵这件事情。必须提升心性！必须美化心灵！必须这么去想。但是，即使这么去想了，我们也很难做到，因为我们都是充满了烦恼和欲望的人。然而，虽然做不到，但"必须做到"，要这么去想，去反省。因为有这样的反省，我们就会有意识地付出努力。而对于人生来说，这样的努力是非常宝贵的。

1月5日

人，不是为了金钱，不是为了名誉，不是为了获得权势，而是在被真心触动时，才能不惧任何困难，才能发挥出最大的力量，奋勇向前。

要把企业经营好，重要的就是修心。不管什么行业，不管什么规模，也不管企业在哪个国家，这一点都是不变的。如果经营者自己能够时时排除不好的思想，勤于修心，提升品德，那么，事情就会向好的方面转变，就一定能绽放大朵的鲜花。

1月7日

依靠权力来管人，或者用金钱来刺激人的欲望，这样的经营不可能长期持续。即使能够取得一时的成功，到时也会招致人心的叛离，必然导致破灭的下场。企业经营必须以长期繁荣为目标，为此，除了推进以德为本的经营，别无他法。

人往往乐于维持现状而不喜变革，但如果只安于现状，不向新的事物或困难的事情发起挑战，就意味着已经开始退步。

所谓挑战，就是制定高目标，在否定现状的同时不断创造新事物。"挑战"一词听起来似乎勇猛而豪爽，令人振奋，但在它的背后，必须有与困难正面对峙的勇气，必须有不辞任何劳苦的忍耐力，必须有非凡的努力。

愿望必定能实现。

就是说，"无论如何一定要这样做！"
人只要有这种强烈的愿望，这种愿望就
会变成他的行动，让他很自然地朝着愿
望实现的方向前进。

但是，这必须是强烈的愿望。

不是淡然地随便想想。"不管怎样，无
论怎样，一定要这样""非如此不可"。
必须是这种由强烈的意念支撑的愿望或
理想才能实现。

为了把愿望变为现实，普通程度的愿望是不行的。不能是淡淡的、可有可无的愿望，必须是"非同寻常的、强烈的愿望"。睡也想，醒也想；一天24小时不断地思考，透彻地思考。从头顶到脚底，全身充满了这种愿望，如果把身上某处切开，流出来的不是血，而是这种"愿望"。抱着这种程度的愿望，聚精会神地、一心一意地、强烈而透彻地进行思考，这就是事业成功的原动力。

一悟

能否成功，很大程度上取决于当事人的热情和信念。做什么事都不成功的人，就缺乏热情和执着的信念。他们总是寻找适当的借口，自我安慰，然后很快放弃。

想做成一件事，就要学习狩猎民族捕猎的方法：一旦发现猎物的足迹，就提枪连日追踪，不管遭遇狂风暴雨还是强敌，也一定要找到猎物的巢穴，不获猎物决不罢休。

随着经营者人格不断提升，企业就会不断发展。我用"企业经营决定于领导者①的器量"这句话来表述。无论你主观上怎么想把企业做大做好，但是，"螃蟹只会比照自己的壳的大小挖洞"，企业发展的水平，取决于经营者的品格，也就是经营者"器量"的大小。

---

① 此处"领导者"对应日文"トップ"，"经营者"对应日文"経営者"，两个单词存在一定差异。——编者注

一悟

靠着耍手腕、施巧计，或者仅凭临阵磨枪，哪怕侥幸获得成功，因为脚不着地，这种荣华没有长久持续的先例。所以，重要的是依循正道，一步一个脚印，踏实前行。

只是一味地望着高高揭示的目标，那是不行的。一想到要走太远太远的路，心中就难免腻烦，还会感觉自己的力量不足，因而产生挫折感。

让揭示的高目标进入潜意识，日复一日，稳步向前，持之以恒，就能够到达连自己也想象不到的高度。

很早以前我就说过，想成就事业，需要一种"狂"的状态。这是因为想要超越壁障，就要有打破这种壁障所必需的能量。

所谓能量，就是从事事业的人的热情。燃烧般的热情、惊人的斗志、执着的信念，这些就是打破壁障的能量的源泉，也是发起挑战所需要的条件。

物质中，有接受外来能量然后燃烧的；有即使给予能量仍然不燃烧的；还有靠自己就能燃烧的。

就是说，物质可分成三类：只要点火就会燃烧的可燃性物质；即使点火也不能燃烧的不燃性物质；靠自己就能熊熊燃烧的自燃性物质。

我们人也一样。要想成事，必须靠自我燃烧的人。

带动人的原动力只有一个，就是公平无私。所谓无私，就是没有谋取自己私利的企图心，不是依照个人的好恶或个人的感情做出判断。领导者如果具备无私之心，部下就会追随。相反，一个自我中心的、时而流露私心的领导者会招人厌恶，部下也不会追随。

不能被一切成见、偏见束缚。必须用纯粹的目光观察现象。如果持有先入为主的观念，事物就不肯告诉我们真相。

一方面，具备"无论如何必须成功"的强烈的愿望；另一方面，越是艰难越要冷静，必须具备细致周密地观察现象的实事求是的心态。

这样的话，过去被忽略的本质性的东西，会突然映入我们的眼帘。

1月19日   "神"的启示

　　每天每日烦恼不堪，在某个瞬间，心中一亮，计上心来，宛如神的启示。我认为，这是勇敢面对逆境、不断追问"作为人，何谓正确"，以及一味埋头工作时，"神灵"赐予的灵感。

"紧抱自己的产品"——每当新产品开发的时候，我总是这么想。

对自己的工作、对自己的产品，如果不注入如此深沉的爱情，事情就很难做得出色。

人就是这样，对于自己喜欢的事情，再辛苦也无怨言，也能忍受；而只要忍受艰苦，不懈努力，那么一般而言，事情都能成功。就是说，喜欢自己的工作——仅仅这一条就能决定人的一生，我想这么说也不过分。

"那家伙真可怜"——也许周围的人会这么说你。我想人有一个时期处在这种不幸的境遇里未必是坏事。

冬天越寒冷，樱花就开得越烂漫。人也一样，不体验痛苦和烦恼，就很难有大的发展，就不会抓住真正的幸福。

一读

一悟

我的人生中曾遭遇无数的困难和挫
折，但恰如黑白棋盘上的黑棋一下子
返归白棋一样，困难和挫折后来都变
为成功的基础。

进行"反省"，就是要净化动辄就被利己填满的那颗心。我认为，如果通过反省，能够告诫自己，时时抑制利己的念头，那么，我们人本来就具备的、美丽的利他之心，就会呈现出来。

一英

一悟

人的本性原本就是美丽的，它充满了"爱、真诚和和谐"；它还可以用"真·善·美"或者"良心"这样的词语来表达，它是崇高的。人通过"反省"，就可以让自己本来就拥有的美丽之心绽放光彩。

所谓人生，就是一场戏剧，而扮演主角的就是自己。花费一生的时间，究竟演绎出怎样的戏剧，这是我们每个人都要面临的课题。

有人说，我们的命运在出生时已由上天注定。但是我相信，人可以通过提升自己的心性、提升自己的精神境界来改变命运。至诚通天，纯洁的心灵定能感动上天。

始终保持火一般的热情，不论什么时候、什么场合、什么事情，一概以"极度"认真的态度面对，这样日积月累就能创造我们人生的价值，就能将自己的人生之戏演绎得精彩纷呈，让人生硕果累累。

我认为，在这个宇宙中，流淌着促使万事万物往善的方向生长发展的"宇宙的意志"。只要将心朝着这善的方向，努力再努力，努力不懈，就一定能够迎来美好的未来。

一读

一悟

1月29日

内心没有呼唤的东西，不会自动来到自己身边，现在自己周围发生的所有的现象都不过是自己内心的反映。

所以我们心里不应该有愤怒、憎恨、嫉妒、猜疑等，不要在心里酿就那些带有否定性的、阴暗的东西，而应该时常抱有梦想，在心里酝酿积极的、美丽的事物。只要这样做，实际的人生就会变得美好。

一心想着如何满足不断膨胀的欲望，就不会有幸福感。通过每天反省，抑制无止境的欲望，对现在已经拥有的东西表示感谢，不断付出诚挚的努力——只要抱有这样的人生态度，就一定能感受到幸福。

一读

能不能获得幸福，取决于心灵的层次：我们能在多大程度上抑制利己的欲望，能不能持有祈愿他人好的利他之心。这就是幸福的钥匙。我从自己的人生中学到了这一点，我坚信不疑。

2^月

描绘远大梦想并付诸实施时，必须问一问自己"动机善否"，通过自问自答来判断自己动机的善恶。

另外，在工作过程中，还要自问"私心有无"。必须审视自己的内心，在工作中防止以自我为中心。

动机是善的，又无私心，方式又得当、得体，那就不必追问结果，结果必定是成功的。

在第二电电（现在的 KDDI）设立之前，在长达约六个月的时间内，每天不管回家多晚，即使喝了酒，在上床之前，我一定会追问自己："动机是善的吗？真的没有私心吗？"在确认自己参与通信事业的动机是善的，其中没有夹杂一丝一毫的私心之后，我才正式举手参与。

2月3日 为了员工

经营者不能只满足自己的欲望，而必须考虑聚集在企业里的全体员工的幸福。如果公司倒闭了，那么，把自己的人生押在公司的未来、拼命工作的员工们就将流落街头。所谓经营者，就是为了避免出现这种情况，站在前头拼命奋斗的人。这样的人怀抱的"让自己的公司基业长青"的愿望是美好的愿望，从长期来看，他们必得好报。

动物也好，植物也好，不拼命求生必将灭绝，此乃自然界的铁律。但是，只有我们人类，说到付出"不亚于任何人的努力"，说到"必须拼命工作"时，好像很特别，很难接受。

不是说想成功才必须拼命工作，即使是为了生存，也需要付出"不亚于任何人的努力"。此乃大自然的机理。

一
悟

2月5日

不管是谁，每个人都希望度过一个富裕的人生、幸福的人生。但是，美好的人生不会从天而降，它要靠磨炼自己的心灵才能得到。所以，为了具备一颗美丽的心灵，每天勤奋工作非常重要。

磨炼心灵的基本方法就是"勤奋"，佛教称之为"精进"。这不限于工作，无论做什么，都要埋头苦干，专心致志。

对于分配给自己的工作，执着地、认真地、地道地、诚实地投入进去，持之以恒，人就能自然地抑制自身的欲望。

此外，热衷于工作，还能平息恼怒之心，也会无暇发牢骚。而且日复一日努力工作，还能一点一点地提升自己的人格。

从这个意义上说，努力"工作"就类似于修行。

2月7日

对自己的工作怎么也喜欢不起来的人，那该怎么办呢？首先，姑且一心不乱、拼命投入工作再说。

在这个过程中，痛苦会生出喜悦。"喜欢"和"投入"是硬币的正、反两面，二者之间是因果循环的关系：因为喜欢就会投入工作，在投入工作的过程中就会产生喜欢。

"天职"不是偶然碰上的，而是由自己亲自制造出来的。

一读

一悟

2月9日 在工作中感受喜悦

人发自内心的欢喜和快乐，存在于工作之中。工作马马虎虎，只想在兴趣和游戏里寻觅快活，充其量只能获得一时的快感，绝不可能品尝到从心底涌出的惊喜和快乐。聚精会神，孜孜不倦，克服艰辛后，达到目标时的成就感，世上没有哪种喜悦可以类比。

成功人士和非成功人士之差，不过薄纸一张。没有获得成功的人未必缺乏责任感。差别在于坚韧性和忍耐力。

非成功人士在遭遇壁障的时候，就会寻找适当的借口，停止努力。

一读

一悟

"素直之心"是进步之母。因为只要具备素直之心，人就能成长，就能进步。强调素直之心的重要性的，是松下幸之助先生。幸之助先生连小学也没有毕业，却创建了巨型企业松下电器（现 Panasonic），其原动力就是这个素直之心。

所谓素直之心，就是如实承认自己的缺点和不足，从这里开始努力，这是一种谦虚的态度。

特别是有能力的人，往往不愿听取别人的意见，即使听了也会反驳。但是，真正有出息的人，就是具备素直之心、能够听取别人的意见、时时反省、认真注视自己的人。

正是逆耳之言能够促使自己成长，应该抱有这种谦虚接受的态度。

一读

一悟

可能因为我是技术出身，养成了一种习性，总是不断地自问自答："这样做真的好吗？有没有更好的方法？"用这种眼光去审视，哪怕干一件杂差也有无限的改进空间。

无论多么细小的事，动脑筋改进的人与漫不经心的人相比，时间一长，二者之间就会产生惊人的差距。

在昨天努力的基础上再下功夫改进，今天比昨天稍稍进一步。这种想把事情做得更好的态度能够持之以恒的话，就能获得巨大的进步。不走走惯的老路，这就是走近成功的秘诀。

一卖

某项工作一旦开始，就一定要做到成功为止。这种执着的信念，以及不达目的绝不放手的"持续的力量"，是成功的必要条件。

认为"已经不行了"的时候，不是终点，而是工作重新开始的起点。在成功之前，绝不罢休，不屈不挠，坚韧不拔，不给自己设置界限，不厌其烦，持续挑战。这才有可能变危机为机会，让失败转化为成功。

如果有人哀叹自己没有能耐，只会
"认真地做事"，那么，我想对他说：
"你应该为你的这种'愚拙'感到
自豪。"

看起来平凡的、不起眼的工作，却能
坚韧不拔地去做，坚持不懈地去做。
正是这种"持续的力量"才促成了
事业的成功，才体现了人生的价值，
这才是真正的"能力"。

2月17日

"已经好得不能再好了"，在我确信这一点之前，我将不惜任何努力。

对于瞄准"创造"这一高山之巅的人们而言，这种态度非常重要，甚至是他们必须承担的义务。

仅仅付出同普通人一样的努力，在大家同样努力的情况下，不管这样的努力持续多久，都不过是做了理所当然的事情。凭这种程度的努力，不可能取得很大的成功。所谓付出"不亚于任何人的努力"，不是设立一个终点，达到这个终点就大功告成了；而是不设定终点，前进再前进，把"终点"无限推进，进行无限度的努力。

一读

一悟

真正的独创性的灵感从哪里来？在尽了一切努力，走投无路，除了祈求神的启示已别无他法，只有在这种状况下依然保持谦虚和真挚的态度，依然锲而不舍、孜孜以求，才有可能产生真正的独创性的灵感。为此，首先要勇于正面面对困难。

常有人认为，灵感要从外面求。但我认为，灵感要从内求。当彻底追究自己现在正在从事的工作的可能性，不断地对工作加以改良时，就能够谋划无法想象的巨大革新。

一
决

2月21日

必须具备两极平衡的人格，就是说，慎重和大胆必须兼备。必须成为在人格中兼备性质相反的两个极端，并根据不同场合运用自如的人。

光是大胆豪爽，难以将工作做到完美无缺；只靠细致缜密，无法产生挑战新事物的勇气。大胆豪爽和细致缜密是两种正相对立的性格，工作需要兼备这两种性格，并应不同情景挥洒自如。

我认为，一个细心而敏锐的人，在积累了丰富的实践经验，并产生了真正的勇气之后，才算得上一个真正的人才。

"最佳"这个词，是同别人比较，意思是比较起来是最好的。这是一种所谓相对的价值观。因此，在水平很低的群落里也存在着最佳。但是，我们的目标不是最佳，而是完美。完美同最佳不一样，它是绝对性的。不是同别人比较，而是它自身具备完整的价值，因此，不管别人如何，世上没有什么东西可以超越完美。

对于立下坚定志向的人来说，通往目标的道路绝不会从视野中消失。在路途中，哪怕遭遇挫折失败，哪怕跌倒摔伤，都会重新站立起来，一步一步向前再向前。相反，在缺乏志向的人面前，任何道路都不会敞开。

2月25日

老话说，经商的最高境界在于赢得客户的信任。当然，信用是经商的基本。但是，在追求"信用"之上，还要追求"德"，还有赢得客户的尊敬这个更高的层次。达到让人尊敬的程度，与客户构建这种绝对性的关系，这才是真正的经商。

追求利润绝不是什么可耻的事情。在自由竞争的原理正常发挥作用的市场经济中，通过光明正大的商业活动获取的利润是正当的利润。毋宁说，因为是由经营者和员工们通过自己额头流汗获得的利润，所以我们应该感到自豪。

2月27日

求利有道，散财亦有道

既然是企业，追求利润乃理所当然。但在追求利润的时候，有作为人应该遵守的规范：不可欺骗别人，不可贬低别人等，不可以低劣的手段获取利润。

另外，即使是用正当的方法获得的利润，在使用时，也必须遵循做人的道理。不是满足自己的私利私欲，而应该用于为社会、为世人做贡献。

"只有额头流汗，靠自己努力赚来的钱才是真正的利润。"——我的信念极其单纯。这来自做人的正确的原则。所以在泡沫经济时代，在巨额暴利的引诱面前，我能告诫自己"不起贪念"。我内心从未有过丝毫动摇。

"在相扑台的中央发力"，指的是把相扑台的中央视作边界，用这样的心态来对待一切工作。如果这么做，那么即使发生意外情况，因为还有余地，就能够从容应对。

我们必须设置这样的"安全阀"，踏实前进。这就是工作。

3 ^月

作为磨炼心志的指针，我认为下述六项精进十分重要。

1. 付出不亚于任何人的努力

努力钻研，比谁都刻苦，而且锲而不舍，持续不断，精益求精。有闲工夫发牢骚，不如前进一步，哪怕只是一寸，努力向上提升。

2. 要谦虚，不要骄傲

"谦受益"是中国的古话，意思是谦虚之心唤来幸福，还能净化灵魂。

3. 要每天反省

每天检点自己的思想和行为，是不是自私自利，有没有卑怯的举止，自我反省，有错即改。

4. 活着，就要感谢

活着就已经是幸福，培育感恩之心，滴水之恩也不忘相报。

一读

一悟

5. 积善行，思利他

"积善之家，必有余庆。"行善利他，言行之间留意关爱别人。行善积德有好报。

6. 不要有感性的烦恼

不要老是愤愤不平，不要让忧愁支配自己的情绪，不要烦恼焦躁。为此，要全力以赴、全神贯注投入工作，以免事后懊悔。

如果我们能够日复一日地持续实践这"六项精进"，我们的人生必将更加美好，美好的程度将超过我们自己的能力所及。事实上，我的人生就是这样一路走来的。

如果你想拥有幸福的人生、美好的人生、平和的人生，如果你想把你的企业经营得有声有色，如果你想让你公司的员工幸福快乐，那么，你就忠实地实践这"六项精进"吧。

为了发挥领导力，领导者必须有一种魄力，敢于问心无愧地说"我从来都是光明正大的"。断言自己没有任何不正当的行为，从这里会产生出不怒而威的力量。这样的光明正大给领导者以自信，领导者在直面困难局面时，勇气就会油然而生。

经营者首先必须拥有为了集团不惜自我牺牲的、高洁的哲学。不管周围的环境如何变化，比如，哪怕事业成功，获得了名誉，得到了高额的收入，仍然必须保持抑制自身欲望的克己心，必须保持坚持正义的真正的勇气。

我致力于"以心为本"的经营，换句话说，就是怎么做才能在企业里建立心心相连的、牢固的信赖关系。我以此为焦点，推进企业经营。要别人爱你，你先要爱别人。要构建以心为本的可靠的人际关系，经营者自己必须持有一颗纯粹的心灵，才能将持有纯粹心灵的人聚集起来。

确实，如人心般难测易变、靠不住的东西，世上没有。但是，如人心般坚牢而且重要的东西，世上亦无。

纵观历史，凭借人心的结合成就的伟业不胜枚举。相反，因人心堕落导致集团崩溃的事例也不在少数。不可忘记：心可唤（换）心。

3月9日

人际关系的基本要点是：要抱着爱心与人相处。但那不是盲目的爱，也不是溺爱。

上司和部下的关系也一样。上司缺乏信念，只知迎合部下，不严格要求，看上去很有爱心，结果却是害了部下。这就叫小善。有句话说"小善乃大恶"，意思是表面的爱会导致对方的不幸。

相反，抱有信念、对部下严格指导的
上司，可能会令人感到不够亲切，但
是从长远来看却能培养部下，促使其
成长，这就是大善。

真正的爱，是指无论何事，都要认真
想清楚是否确实有利于对方。

"大善似无情。"从旁人看来是过分
严厉的行为，正是促使人茁壮成长
的爱的鞭策。这种看似冷酷无情的行
为，正是大善的体现。

一悟

我没有制订过长期的经营计划。今天的工作尚且不顺利，明天又无法确知，我们又怎么能预见到十年以后的景况呢？

因此，我想，首先要过好今天这一天，今天这一天努力工作，钻研改进，就能看清明天。这样一天一天持续下去，经过五年、十年，成果就会相当可观。

要成就新的事业，首先，抱有"非这样不可"的梦想与希望，乐观地设定目标，这是很重要的。

但到了制订计划的阶段，要悲观地审视构想，要设想到一切可能发生的问题，慎重周密地思考对策。

而在实行的阶段，又要抱定"必然成功"的自信，乐观开朗，坚决将计划付诸实施。

3月13日

我不太欣赏才子，因为才子往往忽视"今天"。才子自恃才高，凭着对前景似是而非的理解，就厌烦像乌龟那样认真过好每一个今天，总想像兔子般寻找最短距离。但过于急功，就往往会在意料不到的地方驻足不前。

雄辩的人往往玩弄辞藻。如果真的想让对方理解自己，就要与对方分享自己的感情。不要用那些天花乱坠的说话技巧，只需倾注全身全灵，诚实说话就行。诚实，让说话者和听话者心心相连。

3月15日

正确的思维方式

我想给大家介绍为工作和人生带来硕果的、正确的"思维方式"：

积极向上、具有建设性；擅于与人共事，有协调性；性格开朗，对事物持肯定态度；充满善意；能同情他人、宽厚待人；诚实、正直；谦虚谨慎；勤奋努力；不自私，无贪欲；有感恩心，懂得知足；能克制自己的欲望，等等。

对未来承担重任的年轻人，我衷心祈愿你们通过持有上述正确的"思维方式"，通过努力工作，走上人生幸福的光明大道。

绝佳的机会往往隐藏在极为普通的情景之中。只有具备强烈目标意识的人，才能看出这种机会。

一奏

在建立目标时，要设定"超过自己能力的目标"——这是我的主张。

要设定现在的自己"看起来不可能实现"的困难的目标，"在未来某个时点实现"它，要下这样的决心。

然后，瞄准"未来这个时点"，想方设法提高自己的能力，在"这个时点"实现既定的目标。

目标看似高不可攀，但决不退缩，倾注热情，不惜努力，拼命钻研。这样做，就会把我们的能力提高到连我们自己也吃惊的地步。换种说法：沉睡在我们身上的巨大的潜在能力迸发出来了。

只有设定高目标的人，才能取得伟大的成功。只追求低目标的人，只能得到渺小的结果。如果自己设定了高目标，就能朝着这个目标聚集能量，这是成功的关键。

在揭示高目标的时候，如果人们觉得路程太过遥远，目标本身就会被放弃。

只要注视眼前这一天就行了。今天这一天拼命努力，这一天虽然只像尺蠖虫那样爬行了一点点，但当意识到的时候，自己已经到达过去不曾想象的高度。

3月21日

只有坚信自己具有可能性的人，才能成功开创新事业。所谓可能性，就是"未来的能力"。只凭现有能力来判断行还是不行，永远无法成就新的事业，也不能完成高难度的工作。

所谓强烈的愿望，就是"无论睡着还是醒着都不忘记"的愿望。只是偶尔浮现的、很快忘却的愿望不是强烈的愿望。比方说，被某个人迷倒了，睡着也好、醒着也好，满脑子只有这个人，就是这种状态。而这种状态就叫"心怀强烈的愿望"。

一方面，不应该成为"状况盲动型"的人。所谓"状况盲动型"，是指自己本来打算"这么干"，但顾虑到社会形势、经济形势，马上就觉得"实现困难"，从而轻易放弃。

另一方面，从内心深处"就想这么干"，就是具备强烈愿望的人。不管周围的环境多么困难，为了实现愿望，想方设法、绞尽脑汁，激情和创意就会源源不断。

所谓创造性的工作，不仅仅局限于高精尖技术的开发，明天比今天好，后天比明天好，不断钻研，不断创新，不断改良，这样的积累也是了不起的创造。

人的潜意识中有一种力量，能对复杂事情做出正确、迅速的判断。印象强烈的事件，以及再三重复的经验，会进入潜意识，被储存起来。而这种潜意识会替代显意识，以惊人的速度做出正确的判断。对各种事情进行认真的重复演练，就能培养潜意识快速做出正确抉择。

带着爱情，用谦虚的目光，对产品进行仔细的观察，于是，就能听到好似神的声音的"产品的哭泣声"。就是说，产品的不良或机械的故障会自然地呈现。从产品那里，从机械那里，会发出窃窃私语"这样做，怎么样"，从而提供解决问题的线索。

这就好像医生为了了解患者的病情，要用听诊器听患者的心跳。高明的医生只要听到心跳声和心搏数有异，或许立即就能感知患者身体的异常。

3月27日

亲自体验是财富

成就伟大事业的智慧只能从经验的积累中获得。只有亲身参与的体验才是最宝贵的财富。

把精力倾注在一个领域，钻深钻透，
就能明白人生的真理，理解大千世
界，森罗万象。如果只是知识广而
浅，等于一无所知。

一
悟

"用将来进行时看待能力。"能做到这一条的人，就能把困难的工作引向成功。"无论如何也要让梦想成真！"抱着强烈愿望，并坚持不懈，付出真挚的努力，能力一定能提高，局面一定能打开。

不管到什么年龄，我们仍要诉说梦想，描绘未来光明的前景。无梦之人不会有创造和成功，他的人格也无从成长。因为人格只有在描绘梦想、钻研创新、不懈努力之中才能得到磨炼。梦想和愿望就是人生起飞的跳台。

3月31日

相信自己的人生是光明的、美好的，不惧困难、苦难、艰难，描绘光明的未来，在严酷的现实中，激励看似要失败的自己，振作起来，发奋图强，这样的态度就能让我们拓开人生前进之路。

4 月

从善的人遵循命运和因果报应这两条法则，度过波澜万丈的人生。在这波澜万丈的人生中提高心性、纯化心灵、磨炼人格，达到人生的目的。

当死亡来临的时候，在今世所创造的地位、名誉、财产就得统统放弃。

我们降临俗世，经受各种风浪的冲击，尝尽人间的苦乐，或幸福或悲伤，一直到呼吸停止之前，我们都不懈地、顽强地努力奋斗。这个人生的过程本身，就像磨炼灵魂的砂纸，人们在磨炼中提升心性，涵养精神，带着比降生时更高层次的灵魂离开人世。这就是人生的目的，除此之外，人生再无别的目的。

4月3日

满招损，谦受益

在中国古典《尚书》中，有"满招损，谦受益"这条格言。自古以来，骄傲自满的人会招致很大的损害；而保持谦虚，能设身处地为对方着想的人，却能获得莫大的幸运。

这就是人世间超越时代的真理，在21世纪的今天也不可能被改变。

要让世间万物更加美好，抱着这样的
利他之心、关爱之心不懈地努力，那
就是顺应了宇宙的潮流，就能度过幸
福的人生。相反，憎恨、嫉妒他人，
只想自己占便宜，充满利己之心的
人，他们的人生将越发糟糕。

为了做好工作，就应该消除"工作"和"自己"之间的距离，"自己就是工作，工作就是自己"，二者密不可分。这样的经验很有必要。

就是说，连同身心一起，全部投入工作，热爱工作，达到与工作"共生死"的程度。如果对工作缺乏如此深沉的爱情，就无法抓住工作的要领。

要把事情做好需要很大的能量，而这种能量要靠自我激发、自我燃烧才能产生。自我燃烧最好的办法就是喜欢自己的工作。无论什么工作，只要全力以赴把它做成，就会产生成就感和自信心，产生向新目标挑战的渴望。

在这个反复的过程中，就会更加喜欢自己的工作。在这样的精神状态之下，再努力也不觉得苦，就能做出了不起的成绩。

悟

中村天风先生在我的人生中，在精神方面，在哲学方面，都对我产生了极大的影响。

天风先生说了如下一段话：

一个灿烂的未来正在等着自己，一个美好的、光明的、幸福的人生正在拓展。需要的只有一点，就是抱着建设性的、积极向上的思想，去思考光明的前景。抛弃一切忧郁的、阴暗的思想。

天风先生创建的天风哲学虽然非常深刻，但对于我们凡人来讲又通俗易懂。"乐观开朗，积极向上！"他就用这么单纯的语言教导我们。

凡位居人上者，比才干更重要的是他的人格。才能出众的人往往容易做才能的奴隶，把别人没有的能力用在错误的方向上，因此需要有一种力量来控制才能发挥的方向。这就是道德，就是人格。

纯粹的、美好的"愿望"，具备强
大的力量，胜过任何聪明才智。"祈
愿他人好"的良好的愿望，不但受
到周围人的支持，连上天也会出手相
助，引导你走向成功。相反，不管如
何运用才智，玩弄策略，如果只抱着
自私自利的低层次的"愿望"，那
么，既得不到人助，也得不到天助，
会遭遇各种各样的障碍，招致失败与
挫折。

人往往基于本能，对事物进行判断，这就与其他动物没有区别。我们必须抑制本能，在利己的欲望刚刚冒头的瞬间就察觉到，并为抑制它而有意识地做出努力。这样就能发挥理性的作用，就能对事物做出正确的判断。

我拥有自己的判断基准。其根据是小时候父母和其他长辈教导的"什么事可做，什么事不可做"。我只拥有以这种教导为基础的、非常朴实的规范。然而，这就是作为人最基本的判断基准。

无论何时何地，都要根据原理原则做出判断，采取行动。所谓根据原理原则，就是以社会的道德、伦理为基准，把做人的正确准则正确地贯彻始终。依据人间正道进行决断，可超越时空，任何情况下都能被人接受。

4月13日

遵守单纯的规范

"不许骗人，不给人添乱，要正直，不可贪心，不能只考虑自己。"

尽管每个人在小时候都从父母和老师那里得到了这样的教导，但这么单纯的规范，在长大成人之后却被忘却了。应该把这些规范作为生活的指针，作为人生中必须遵守的判断基准。

公司发展顺利就傲慢不逊的经营者，职位提升就摆架子、逞威风的领导者，员工的心会离他们而去。抑制名誉、地位、金钱等利己的欲望，为了集团的利益，始终保持谦虚的态度，拥有"无私"之心的领导者，员工就会尊敬他，心甘情愿地追随他。

4月15日

在企业经营中，认为权谋花招必不可缺的人也许不在少数。然而，这类东西完全没有必要。只要拼命过好这一天，就能开拓未来。同时，只要堂堂正正，贯彻作为人应有的正确的做法，就能拓展命运。

用长远的目光来看，贯彻正道才是简单轻松的方法。因为需要花费心思来掩饰和隐藏的东西一概没有。一方面，如果执着于自己的名誉、地位、财产，企图死守的话，就会煞费苦心，耍尽花招，因为要干这样的脏活，难免心力交瘁；另一方面，"这些无聊透顶的东西，压根儿就不要"，如果能这么一想，玩弄手腕、花招就完全没有必要了。这是最简单、最轻松的方法。

人最强大的时候就是从执着中解脱的
时候。思考"为他人好"，私欲就会
得到相应压缩。所谓提高心性，其实
就从这里开始。

调动人们的积极性的原动力只有一个，那就是领导者的公平无私。

4月19日

清澈纯粹的心灵可以看见真相。充满利己的心灵，只看到复杂的现象。我们应该努力保持一颗纯洁的心，才能按照事物本来的面目来观察和认识事物。如实观察事物，即使自我牺牲也要贯彻真理。有这种觉悟，就没有解决不了的问题。

人得到某种程度的成功以后，就会骄傲起来，只要自己好就行的利己心就会冒头。但是，稍稍成功就骄傲自满，这种成功就不可能持续。

不管获得怎样的成功，都必须保持一颗体谅他人的关爱之心，保持对他人的友善。

要想建设方便工作的职场，领导者不能优先自己，不能只顾自己方便，必须给大多数人提供方便工作的环境。

如果领导者只想方便自己，部下便不会跟随；优先自己的部下，哪怕自我牺牲，也要构建便于部下工作的环境；只有这样，才能鼓励部下，赢得部下的信赖和尊敬；职场的协调和纪律才有保证，企业才能发展。

看到经营者勤奋的工作状态，员工们会感觉"没有人像我们社长这样努力，社长那么拼命，会把身体搞垮吧"，认为"我们自己也得更加努力啊"。如果经营者不勤奋，不能让员工们产生这样的想法，那么经营者的指示和命令是贯彻不下去的。

在企业经营中，"斗魂"必不可缺。
平时柔弱，不会吵架，看不出有什么
斗魂，但是一旦成为经营者，为了
保护广大员工，面临危险就会挺身而
出。没有这种气概，经营者就不可
能得到员工们由衷的信赖。

这种英勇气概，来自强烈的责任感。
无论如何都要保护企业、保护员工，
这种责任心使经营者勇敢而且坚定。

我们往往有一种倾向，就是把事物考虑得过于复杂；但是，为了把握事物的本质，有必要把复杂现象简单化；把事情看得越简单，就越接近事物的本来面目，也就是说，越接近真理。

例如，看起来很复杂的经营，说到底，只不过是彻底追求"销售最大化和经费最小化"这样一个简单的原则而已。

尽力去把复杂现象简单化，这种思维方式，这一考虑问题的出发点非常重要。

一悟

一个人要靠自己的力量开创自己美好的人生。第一步，他应该拥有一个"大得有点过头"的梦想，拥有一个超越自身实力的愿望。拿我来说，把我拉到今天这个位置的原动力，就是我年轻时抱有的远大理想和崇高目标。

我自称为"爱做梦的梦夫"。我爱做一些似乎不合逻辑的梦。漫无边际的梦想，一个接一个在我头脑里出现。我就在这种梦想中拓展事业。即使下班停止工作以后，这种愿望也常挂在我的心头。

梦想越大，距离实现就越远。尽管如此，我们还是要把梦想实现时的情景、到达梦想的过程，在头脑里反复模拟演练，将它们具体化、形象化，以至能"看见"那实现的过程和情景。这样，实现梦想的真实道路就逐渐清晰。同时，在日常生活中，在不知不觉中，就能获得种种启示，帮助自己一步一步接近梦想中的目标。

经营者和劳动者之间不是互相对立的
关系，而是像父子、兄弟那样的关
系。大家互相帮助，互相鼓励，同甘
共苦。如果是家族那样的关系，那么
经营者就会尊重员工的立场和权利。
员工也会像经营者一样，能够为公司
的利益思考和行动。我把这样的关系
称为"大家族主义"，把它作为公司
经营的基石。

我一贯强调接待客户的姿态是，要把自己定位为心甘情愿为客户服务的"仆人"。"心甘情愿"不是"勉勉强强不得已"的意思，而是乐于当客户的"仆人"，主动地、愉快地为客户服务。

不肯尽力去做客户的"仆人"，不管销售战略如何高明，也只能是画饼充饥。即使一时取得了成效，也只是单笔生意，成功难以延续。彻底地为客户奉献，这也是经营的大原则之一。

在工作中，我贯彻完美主义原则。在日常的工作中，以完美主义严格自律，是艰苦的事。但它一旦成为习性，经营者就会不觉其苦。经营者必须把完美主义作为日常的生活习惯。

5 月

人出生时持有的性格，以及在后来的人生道路上学得的哲学，这两者构成了人格。就是说，在性格这一先天性的东西之上，加上哲学这一后天性的东西，形成了我们的人格。

一方面，有的人原来很勤奋又很谦虚，但一朝坐上权力的宝座，一转身就变得傲慢不逊；另一方面，曾经误入歧途的人，后来革面洗心，努力工作，刻苦钻研，一举转变为拥有优秀人格的人，这也不乏其例。

在选择领导者的时候，不可忘记的是：人格是不断变化的。

现在，不公正、不正当的事情大行其道。采取利己主义的、独断专行态度的人，也不在少数。这绝不是理想的状态。然而我下定决心，无论社会环境如何变化，我坚持自问"作为人，何谓正确"，坚持做任何人看来都是正确的事情。就是说，不断追求作为人普遍正确的东西，就是要不断地追求理想。

始终追求"作为人应该做的正确的事情",就是无论置身于何种状况之中都一以贯之,尊重能够用下列词语表达的、最重要的价值观——公正、公平、正义、勤奋、勇气、博爱、谦虚、诚实等,并依据这些价值观采取行动。

判断事情是否"符合道理"时，不单是指判断逻辑上有无矛盾，而且要与做人应该采取的准则相对照，确认有无违背，这是必要的。

5月6日

世上不少人都是机会主义者，或者凡事只看利害得失。在这样的风气中，如果想要恪守原则，贯彻正道，就会遭遇各种各样的困难。但是实践正道的人会遭遇困难乃理所当然。正因为如此，就要以困难为乐。如果达不到这种境界，就不可能将正道坚持到底。

为了顺利推进公司或团队的工作，不论什么工作，都需要有精力充沛的、起核心作用的人物。

以这种人为中心，宛如上升气流平地涌起，将全体人员卷入，整个组织一起大动。像这样，自己主动领头，带动周围的人，把工作有声有色地开展起来的人，我称他们为"在旋涡中心工作的人"。

"我认为，你的做法在这儿有问题，应该这么做才对。"为了解决经营上的问题，干部之间必须开门见山，直言相谏。但是，很多人因为担心直截了当的说话方式会破坏人际关系，结果就说起了客套话。

但经营每天都是战斗，靠场面上的客套话解决不了问题。想让公司发展的话，彼此必须说真话，直言相碰。

关于领导者的资质，中国明代著名思想家吕新吾，在解释有关政治的著作《呻吟语》中讲：“深沉厚重是第一等资质。”

就是说，领导者最重要的资质是：具备时时深入思考问题的厚重的人格。

同时，吕新吾在《呻吟语》中还说："聪明才辩是第三等资质。"就是说，头脑聪明、具备才干、巧于辞令的人，不过具备三等资质。

一悟

当今世界，吕新吾所说的只具备第三等资质，即"聪明才辩"的人，被选拔为领导者，这种现象不论东方还是西方，都相当普遍。当然这种人作为"能吏"使用，确实能发挥作用。但是，这种人是否具备作为领导者的优秀的人格，则是一个很大的疑问。

我认为，现在世界上许多地方之所以混乱，就是因为只具备第三等资质的人当上了领导者。

如果要把自己引向更高的境界，必须超越多重壁障，而最大的壁障，是自己的一颗追求安逸的心。只要战胜自己，就能克服其他的壁障，取得卓越的成果。

5月12日

无论向先贤们学习了多么丰富的知识，无论在经营论和技术论方面研习得多么深入，如果遇事缺乏追究正道的强烈的信念、崇高的志向和巨大的勇气，知识和理论就无法刻入身心，即使想要实践，也发挥不了作用。

在这个富裕的时代，要打开新的生路，需要具备把自己逼入极限的勇气和强大的精神力量。

创造这件事，只有在集中意识、调动潜意识，不断地、深入地苦苦思索的过程中，才有可能产生。单凭一时的心血来潮，单靠一知半解的肤浅思想，是得不到创造的灵感的。

企业经营也好，在科学或艺术的领域也好，若想进行新的创造性变革，如果没有自由的精神，就无法期待真正的成功。

就是说，具备独立精神，无须依赖他人。不肯随便妥协，不会不懂装懂骗自己。不存依赖心就是自由。不依赖他人，必须依靠自己。在创造性的领域，需要真正的"无赖性"。

5月16日

开辟新事业，需要不受任何东西束缚的、自由的发想。而且，这种自由的发想，不是来自受到既定观念浸染的专家，而是来自外行。

工作现场有神灵。比如，为攻克难关，千方百计反复试验仍不得要领，不断碰壁，计穷策尽。这时候，暂且让头脑冷一冷，再次回到现场，重新观察周围的情况。

这样就能听到神灵的声音。现场和产品会发出轻声细语："用这种办法试试如何？"它会给予我们解决问题的启示。要能够及时捕捉到这种心音。

5月18日

答案总是在现场。但是要从现场获得答案，首先从心情上说，必须对工作有不亚于任何人的热情，有解决问题的深切期待。

在创造的领域内，没有基准可言。正如在漆黑一片、风浪起伏的大海中进行没有指南针的航海一样。在创造的领域，必须在自己心中寻求指南针，确定方向，向前奋进。

如果坚信这就是正确的道路，那么，途中艰难险阻也好，狂风暴雨也好，都不在话下。我下定决心，朝着山顶，直线攀登。为了与大家一起攀上高峰，我对别人和对自己一样严厉苛刻。走安逸之道，大抵到不了目的地。

描绘一开始就应该实现的理想，无论遭遇何种障碍都勇猛向前。正因为瞄准的山顶已经清晰可见，所以果断挑战严峻的峭壁，超越它，不管如何，必达峰顶的勇气和精神油然而生。

一读

一悟

5月22日

使出浑身的力量

在向困难的工作挑战的时候，或者想要实现很高目标的时候，全身心投入工作是必需的。"既然你如此拼命努力，那么，我也该助你一臂之力，帮你实现你的愿望。"只有此时，懒得动弹的神灵才会出手相助。

绝对不要说"不行"这种话。面对难题，首先需要的是相信自己无限的可能性。

"现在也许不行，但只要努力一定能行"，首先相信自己的可能性。解决问题所需要的能力怎样才能提高，必须对此进行具体的、透彻的思考。只有这样，通向光明未来的大门才会打开。

不管怎样一定要成功——拥有这种迫切的心情，再加上时时不忘如实审视事物的谦虚态度，你就能抓住平日忽略的极为细微的线索，将难题一举解开。

如果能够预见未来，人或许就会更好地规划自己的人生，采取适合情况的正确的行动。但反过来可以这么说，正因为年轻时经历过失败和辛劳，人格才会成长，才会在往后的人生中变得坚强。但为此，必须具备客观审视自己的纯粹之心，必须具备从过去的失败中学习的谦虚之心，必须在此基础之上不断地、拼命地努力。

5月26日 养成反省的习惯

我们每天忙忙碌碌，一不小心就会迷失自己。为了避免这种情况，必须有意识地养成反省的习惯。在人生中每天都反省，就能改正自己的缺点，就能提升自己的人格。

不要因为感性的、感觉上的事情而烦恼，而痛苦。在这个世界上，让人头痛、令人心烦的事情不计其数。为这些事情操碎了心也解决不了任何问题。与其如此，还不如努力精进。这样的话，心性就能提升，灵魂就能磨炼，命运就能拓展。

5月28日

为在人生与工作中发生的问题和障碍，在感情和感性的层面上懊恼不已，什么也解决不了。越是痛苦越应该使用理性，在理性层面上把事情想清楚，然后拼命努力，如果真是"尽了人事"的话，那么就不必过分担心结果好坏了，相信能成功，"待天命"吧。

拼命工作就能将人生导向成功和幸福。拼命工作就是克服人生考验乃至人生逆境的"对万病都奏效的灵丹妙药"。热衷于工作，持续付出不亚于任何人的努力，就能打开命运之门。

拉丁语中有一句谚语："比完成活儿更重要的是完善干活人的人格。"但是干活人的人格，必须在干活中才能被完善。就是说，正确的人生哲学只有在拼命工作中、在汗水中才能产生，人的心灵只有在日常的、不懈的劳动中才能得到磨炼。

"思善行善者，天地引以为友。" 我将此作为人生的信条一路走到今天。

6 月

为使事业获得成功，首先要怀有梦想，沉浸于梦想。只有沉浸于梦想，才会迸发出实现梦想的巨大热情。当然，在实际着手开展事业的时候，不能还是保持沉浸于梦想的状态，必须迅速回归到正常的清醒状态。从事业启动的那一瞬间开始，就要运用理性判断事物，回避不必要的风险，详尽推敲具体的实施方案，把工作做好，把事业引向成功。

有人列举许多条不可能的理由，这样就不可能开拓新的事业。就是要在什么都没有的前提之下，思考为了达成目标，如何来调集必需的人才、资金、设备、技术等。

要对史无前例的、谁也没涉足过的事业发起挑战，不可避免地会遭到周围人的反对或抵制。但是，如果在自己的心中具备"能够成功"的坚定信念，而且能够描绘理想实现时的景象，那么就应该大胆地将构想展开。

6月4日

产品反映制造者的心。马虎的人做出粗劣的产品，认真细致的人做出精致的产品。

要干出好活儿，必不可缺的条件——
那是什么呢？

第一是"连细节也要注意"。

即使是像打杂差这种很单纯的作业，
不，正因为是单纯的作业，就更有必
要精心地、细心地做好。德国有句格
言："神灵寄宿在细节处。"事物的
本质就在细节之中，好活儿产生于注
重细节的认真态度。

一悟

第二是"比道理更重要的是重视经验"。

在物品制作中，翻阅教科书，上面写着"只要这么做就行了"。确实，从理论上讲，书上写得不错，但实际上却并没有那么简单。不亲临现场，不亲自动手，不反复试验推敲，许多事情都弄不明白。只有把理论和实际密切结合起来，才有可能实现出色的技术开发。

第三是"将朴实而枯燥的作业，持续干好，不厌其烦"。

无论做什么工作，只有天天持续才会进步。即使是朴实枯燥的工作，在天天持续努力的过程中也能够积累确凿的技术和经验。讨厌做这样的努力，缺少"持续力"，要做出优良的产品，要干出让自己和别人都满意的活儿，可以说是不可能的。

6月8日

创建京瓷以后，我从早到晚专注于工作。邻居吃惊地问我太太："你家先生究竟几点才回家呀？"在乡下的父母也经常来信，表示担心："这么拼命干的话，会把身体搞垮的。"从旁人看来，似乎我忙得够呛、很艰苦。但我本人是因为喜欢才努力的，所以并不觉得辛苦，甚至连疲劳也感觉不到。

"爱好"是最大的动机，甚至就是成功之道。

只要喜欢、喜爱，热情自然涌出，努力也不在话下，就会进步神速。旁人看来很辛苦，但当事人根本不觉得苦，反而乐在其中。

不要挖苦别人死读书。拼命死读书，意味着少玩乐，少看电视，少追求眼前的快乐，意味着必须战胜自己，必须抑制贪图玩乐的欲望，这样才能拼命投入学习。战胜自己所需要的强大的意志，是在漫长的人生道路上取得成功的必要条件。

我认为，对于人的成长而言，考验是必不可缺的。

在面临考验的时候，是认输呢，是妥协呢，还是与考验对峙，不断努力去克服困难呢？人生的分水岭就在于此。

一悟

能够把考验看作绝佳成长机会的人，进一步说，能够把人生看作上苍赐予我们提升心性的时段、看作上苍赐予我们磨炼灵魂的场所，只有这样的人，才能在有限的人生中，获得丰硕的成果，并给周围的人们带来快乐和幸福。

一般认为，所谓考验，是针对苦难而言的。但我认为，成功也是对人的考验。

对待成功有两种态度。一种是有了地位就骄傲，有了名声就陶醉，有了财富就奢侈，并懈怠了努力。另一种是把成功作为食粮，揭示更崇高的目标，保持谦虚的态度，继续努力奋斗。对于今后的人生而言，这两种态度有天渊之别。就是说，苍天用成功这一考验，来测试人格。

一悟

6月14日

无论苦难还是侥幸，都是考验。无论遭遇哪种考验，我们都不可迷失了自己。

就是说，对于苦难，要正面面对，并不断精进；而对于成功，要采取谦虚态度，决不骄傲自满，并继续努力。只有天天钻研，精益求精，人才能不断成长。

越是才华出众的人越需要人生的指针，依靠它才能沿着正确的方向前进。这指针就是我们所说的"理念""思想"，或者说"哲学"。

如果缺乏这种"哲学"，人格不成熟，那么即使天资聪明，但因为"有才而无德"，宝贵的才华不能用于正确的方向，也会误入歧途。

认真确立基于原理原则的哲学，按这
种哲学办事，就能促使事业成功，给
人生带来硕果。但这个过程绝非轻松
愉快的。依哲学行事需要律己，需要
约束和规范自己的行为，这中间伴随
着许多痛苦，有时会给自己带来损
失，要经历一段苦难的路程。

不过用长远的目光看，在正确的哲学
指导下的行为，绝不会带来损失。

"唯谦受福"，这与世人一般相信的观念并不相容。一般认为，哪怕是傲慢不逊的人，只要胆大无畏，就容易成功。然而，绝非如此。这种人即使得到了一时的成功，到时终将没落。

与此相反，内心蕴藏着燃烧般的热情，但本质上谦虚又诚实的人才能获得天助，才有大的出息。

6月18日

说到谦虚或者谦卑，或许有人会产生一种不好的感觉。但这是不对的。其实，没有任何真本事的人，才会装腔作势，自高自大，摆出架子，借以满足自己的显示欲。如果说，因为懂得节制，行事谦卑，而被人认为是"傻瓜"的话，那么，认为他是"傻瓜"的人才是"傻瓜"。

在这个宇宙的某个地方，存在着"智慧的宝库"（真理的宝库）。人们在无意识中从那里吸取了隐藏的智慧，激起了新的思想的闪光和创造的灵感。这"智慧的宝库"即取之不尽的"睿智之井"，是藏匿于宇宙或神灵处的普遍的真理，而我也是因为全身心沉浸于研究，才触及了"睿智之井"的一端，才能把划时代的新材料、新产品贡献于世。

持有美好的心灵，怀抱梦想，拼命地付出不亚于任何人的努力，对于这样的人；神灵才肯给予他火炬，照亮他前进之路，才会从"智慧的宝库"中授予他一束光明，让他走向成功。

我相信，对于一切真挚生活的人，"智慧的宝库"都会敞开它的大门。

我看过一个电视对谈节目，并为之深深感动。那是一位主修神社寺院的木匠，年龄大概 70 岁。虽然从小学毕业后他一直干这种木工活，但在对谈中，他说得非常精彩，连大学哲学系的老师也有点招架不住。

"把木工做到极致"，这不仅仅是使用刨子建造了雄伟的殿堂，同时也修炼了自己优秀的人格，这二者是相通的。就是说，精于一技的人，追究事物本质的人，能够进入万般皆通的境界。

一悟

真要开始创造性工作时，最重要的是对于自己的信任，就是具备自信，也就是在自己心中持有确凿的判断基准，相信这个基准，并据此行动。否则，在创造领域摸索时，就会迷失前进的道路。

不被劣等感支配，应该坦然承认自己的缺点，下决心努力克服它。不否定自己的弱点，而是如实接受它，把它作为进步的起点。实际上做不到的事，不要假装能做到。首先承认有做不到的事，才会知道自己应该怎样开始。

6月24日

对同一件事情，从善意的角度思考，还是从恶意的角度思考，自然而然，二者所导致的结果会截然不同。

比如，与人争执时，总想驳倒对方，总认为错在对方，要逼迫对方认错，这是一种做法。但也可以体谅对方的难处，大家一起出谋划策，共同寻找解决问题的办法。处理同一个问题，结果可以大相径庭，差异就在于有没有体谅对方的关爱之心。

对事情从好的方面善意解释，这一点很重要。凡事从坏的方面出发，恶意解释，人生就会越发暗淡无光。即使对方对自己抱有恶意，想做些有损于自己的事情，也不妨一笑了之："那个人是否有点儿傻呀！"

看你抱这种态度，也许有人看不起你："那人是个十足的'傻瓜'。我这么骂他，他怎么不发火啊！"对于这种无聊的、充满恶意的诽谤，不必介意，付之一笑就可以了。

全国各地的企业经营者向我提出了各
式各样的问题，提得最多的问题是：
"怎么做，才能像京瓷和KDDI那样成
功？"好像成功有什么秘诀似的。

但是，我总是这么回答："成功并没
有什么特殊的方法，以您为中心，全
体员工都拼命工作，不亚于任何人，
那就一定能成功。"

获得很大成功，赢得人们羡慕眼光的人，不知何时就会没落下去。

如果失却谦虚，抱着只要自己好就行的、利己的思想，放任自己的行为，那就会与促使万物成长的宇宙的意志相背离，即使一时成功，成功也无法持续。

因此，我们必须做出努力，抑制心中抬头的利己的思想，让祈愿别人好的"利他"的思想时时涌现出来。

一言

真正的领导者必须是在人生中一心一意投入工作，并在工作中不断提升人格的人物。这样的人物即使在当选为领导者，被授予权力以后，也不会傲慢，不会堕落，而会为了集团，不惜自我牺牲，继续殚精竭虑，拼命工作。

处在指导立场、被称为领导者的人们，必须时时自问：自己的言行，是不是有一丁点儿有愧于做人准则的地方？我认为，只有在所有领域，被称为领导者的人们率先垂范，大家都追求做人正确的准则的时候，整个社会的道德水准才能提升，才能构建一个健康的社会。

一英

一悟

舍弃过度的欲望，竭尽诚意，尽力为他人奉献，这就是医治现代病态社会的药方。可以说，这就是人们正确生存的哲学，就是真正的道德。

7月

所谓人生就是灵魂修行的场所。苦难就是为了纯化、深化灵魂，是上天给予的考验。成功也是考验，成功测试人是否能始终保持谦虚。

为了提升人格，磨炼灵魂具体该怎么做呢？要居深山、击瀑布，进行特殊的专门修炼吗？不必。在这世俗的社会里，天天勤奋劳作比什么都重要。

勤奋工作，满怀感谢之心，思善行善，真挚地反省，严格地自律，在日常生活中不懈地磨炼心志，提升人格。换句话说，全力以赴去做好上述理所当然的事情，这就是人活着的意义之所在。我认为，除此之外，人生再无别的意义。

劳动对人具有崇高的价值和深远的意义。劳动不仅是为了生存，不仅是为了温饱，劳动还具有克制欲望、磨炼意志、塑造人格的功效。

7月5日

现在我们做的事情、想的事情，结果会在几年后还是几十年后出现不确定，但一定会出现，到那时再惊慌、再悲伤，悔之晚矣。希望大家务必把这一条铭记在心，天天思善行善。

命运作为贯穿人生的纵轴而存在，同时，在横轴上存在着因果规律。所谓因果规律，就是善因生善果，恶因出恶果。

这个规律，构成了我们的人生。

一
悟

7月7日

心灵不予呼唤的东西，绝不会作为现象在周围出现。如果心中抱有只要自己好就行的利己的思想，那么与之相应的事和物就会在周围出现。相反，充满美好的关爱之心，怀抱利他之心，那么，美好的事物就会在周围呈现出来。

重要的是、因果规律略强于命运法则。只要坚持想好事、做好事，那么，就连我们与生俱来的命运也会向好的方面转变。

人这种存在，一方面受命运的支配，另一方面通过人自己思善行善，也可以改变命运。

在人生的旅途中，没有轻松一飞就能到达目的地的喷气式飞机，只能靠自己的双脚，由自己步行前进。认为达至梦想有什么诀窍或捷径，那是大错特错。像尺蠖虫那样一步一步地前行，这才是挑战伟业的真实的姿态。

允许自己妥协，选择安易之道，那一瞬间固然很惬意，但是，这样却不可能实现自己的理想和崇高的目标，到头来必定后悔。

在人生和工作中，无论遇到多么难登的高山，不是简单地放弃，而是继续垂直攀登，这非常重要。

秉持坚定的意志，一步一步、每天每日、踏踏实实努力的人，不管路程多么遥远和艰难，到时他一定能够登上人生的山顶。

一悟

人生正如佛祖释迦牟尼所言，只是一个人的旅行，出生时是一个人，死去时也是一个人，谁也不会跟随。

经营也一样，追根究底也就是经营者一个人。尽管如此，有人却不靠自己的力量前行。"怎么做才好呢？"他们总是询问别人，自己不拿主意。抱这样的态度，人生之路走不好，经营也不可能顺畅。

经营进入死胡同，就轻易向别人请教的经营者很多。其中，如果是中小企业的经营者向大企业的经营者请教，这还能理解。但如果大企业的经营者一听到中小企业的经营者成功的传闻，就赶去询问成功的方法，这样的心态本身，就是经营不畅的原因所在。

我们大家都认为"自己在这个世上活着"，但经历人生大苦大难的人，他们会意识到，是某种神秘力量"让自己活着"。

当觉察"让自己活着"的时候，人们或许就会因此变得谦虚，变得虔敬起来。

自然界的一切生物都在规定的期限内，紧紧把握自己生存的每一分每一秒，拼命活在当下这一刻，这才使渺小的生命得以延续。花草尚且如此，我们人类岂能落后？我们必须抓紧每一个今天，"特"认真地对待自己的人生。

7月15日

人类应该具备的核心思想是什么呢？重要的是持有"同情之心"。这种最重要的同情心，人类正在渐渐丢失，因此无论如何都必须让它再次复苏。这样，我们面临的许多问题就能迎刃而解。

必须构建与巨大的物质文明相匹配的精神文明，而这种精神文明的根基所在，就是人的善念。一定要让这个"善念"大放光彩。这样的话，在物质丰富、生活便利之上，构建人与人之间互相同情、互相关爱的"乐园"就能实现。

我想对年轻人强调："与其寻找自己
喜欢的工作，不如喜欢上自己的工
作，先从这里开始。"寻求自己喜欢
的工作，往往等于寻求空中楼阁，与
其追求这种不切实际的幻想，还不如
喜欢上眼前的工作。

只要喜欢了，就能不辞任何辛劳，不把困难当困难，就能埋头工作；而只要埋头工作，自然而然就能获得力量。有了力量，就一定能做出成果。有了成果，就能获得大家的好评。获得好评，就会更加喜欢工作。

这样，良性循环就开始了。

首先是运用自己坚强的意志去喜欢工作。除此之外，别无他法。只要这么做了，人生就将硕果累累。

"想要成就伟大的事业。"年轻人往往持有这样的梦想和希望。但是实现梦想，必须依靠一步一步的、踏踏实实的努力。希望年轻人务必懂得这一点。

"一步一步地走，步履缓慢，哪怕花费一生的时间，也无法取得伟大的成就吧！"你或许会这么想，但这不对。

一步一步不断地积累，会产生"相乘效果"。就是说，每一天的扎实的努力所产生的小小的成果，会唤来进一步的努力和成果，这种连锁反应，在不知不觉中，会让我们登上连我们自己也无法想象的高峰。

一读

一悟

在京瓷创业不久时，偏偏就是优秀的、聪明的人，据说因为看不到公司的前途而辞职。结果留下来的，不少是头脑不够灵活、平凡、连跳槽也缺乏自信的"庸才"。但是，过了十年、二十年，这些"庸才"居然成了各部门的骨干乃至领导者。

究竟是什么让他们从平凡变为非凡的呢？是不厌其烦、默默专注于一件事情的力量，是拼命过好"今天这一天"的力量，是将"今天这一天"不断持续的力量。换言之，将平凡变为非凡的就是这个"持续"。

不选择捷径，一步步、一天天，拼命、认真、踏实地工作，积以时日，梦想变为现实，事业获得成功，这就是非凡的凡人。

7月23日

人生难免有失败的时候。这时候决不可心情郁闷，不要有感性的烦恼。

对于失败的原因要认真分析，诚恳反省，"怎么会干那种傻事！"，必须严肃自问。但是，如果已经做了充分的反思，接下来就应该把这事忘掉。人生也好，工作也好，总是郁郁寡欢，总是痛苦烦恼，有百害而无一利。

经过充分反省之后，朝着新的目标，怀抱希望，心情开朗，采取行动，这就可以了。

即使发生了巨大的不幸，好像真要活不下去了，也决不要陷入痛苦的泥潭，迟迟不能自拔。

拂拭心中感性的烦恼，抬头挺胸向前看，朝着新的方向，采取新的行动。这样的人，即使一时被逼入穷途末路，最后他也一定能获得成功。

一悟

7月25日

针对自身所处的环境，是采取卑屈、怨恨等消极的态度呢，还是把困难的任务当作自己发展的机会，以积极的态度去应对呢——选择不同的态度，走不同的道路，到达的终点也会大相径庭。无论工作还是人生，此理相同。

如果说感谢之心是幸福的源泉，那么率直之心可以说是进步之母。让自己心里不舒畅的逆耳之言，照样认真倾听。如果自己有错，那么不是等到明天，而是今天立即纠正。这样一颗率直之心能够提高我们的能力，提升我们的心志。

不是压制自己的欲望，勉强忍耐，而
是对现有的东西持有感谢之心。觉得
今天这里拥有的一切非常难得，对此
能由衷表示感谢，这就是心灵丰富而
充实的证明。从欲望到感谢——这种
心境的转变，是今天这个社会所必
需的。

"谢谢"这句话如果是自然地发自内心说出来的，人就会变得谦虚。同时这一句话还会让周围人和人之间的气氛变得和谐。

在思考这个混沌的社会时，我们每个
人，不管置身于何种环境，都要一心
不乱，专心致志，不断努力磨炼自
己，提升自己的人格。这看起来似乎
迂腐、不近人情，但我相信，只有这
样做，才能让社会变得更好。

我认为，当每个人都开始思考，要持有利他之心，要为社会、为世人尽力的时候，就能创造一个真正的非常美好的国家。

一读

一悟

7月31日

有痛苦，有快乐，人生中有各种各样的事情。能够把遭遇的这一切，视作磨炼灵魂的机会，那就是获得了人生之宝，就是达到了人生的目的。

世上被誉为"天才""名人"的人们，他们毫无例外，都发挥了"持续的力量"。长年持续无止境地努力，那么，杰出的技能、优秀的人格就会变成自己的东西。

将努力变为"持续的力量"——这就能让人拥有强大的力量，就能让"平凡的人"变为"非凡的人"。

说"持续"重要，并不是说"反复做相同的事情"。"持续"与"重复"是两回事。持续，不是漫不经心去重复与昨天一样的事情，而是明天胜过今天，后天胜过明天，哪怕是微不足道的，也必须不断地改良。这样一颗"钻研创新之心"是加速成功的催化剂。

我经常使用"有意注意"这个词，意思就是自己将意识朝向某个事物，就是将意识注入。相反，比如听到某处传来响声，立即扭头去看，这叫"无意注意"。这是不加入任何意识，只是因响声而吃惊，条件反射地转头而已。中村天风先生说："在人生中，必须时时有意识地应对事物，无意识不行。"这在企业经营中也非常重要。不管多么细小的事情，也要集中意识，认真思考。

"因为那是小事，所以可以委托给部下；而这是大课题，所以要自己思考。"有这种想法的人，一旦面临意外的紧急情况，有重大问题必须自己判断定夺时，因为平时没有养成"有意注意"的习惯，所以这时候既不会思考，也无法做出决断，而因此失败的事例很多。所以，中村天风先生说"在人生中，无论多么细小的事情，都要全神贯注，要养成集中思考问题的习惯"。

8月5日

在工作中有用橡皮绝对擦不掉的事情。另外，"错了改改就行"，抱这种想法做事，小的失误就会频繁发生，其中就隐含了导致无法挽救的重大错误的危险性。

无论何时何事，"错了改改就行"的想法绝对不能允许。平时就要用心做到"有意注意"，不允许发生任何差错。贯彻这种"完美主义"才能提高工作质量，同时提升人的素质。

我认为，必须生产出"会划破手"的产品。意思是具备崭新纸币那种手感的完美无缺的产品。如果产品的品质达不到这样的程度，就不能真正让客户满意。

为了经营好企业，必须考虑前例以及常识等，这种思维方式我是不赞成的。在经营过程中，必须不断地追问：事情的本质是什么？什么是有道理的、有价值的和必要的？

为了发展企业，非创造不可。所谓创造，就是"新需求的创造""新市场的创造""新技术的创造""新产品的创造"。这四种创造必须是浑然一体的。

能够把企业经营得有声有色的人，都
是能够给客户带来更多利益的人。能
够用这种态度经营企业的人，也能够
给自己的企业带来更多的商业机会，
带来更丰厚的利润。

缺乏哲学，企业就难以运行。本来，企业就是人的集团，在企业里，缺乏一种"思维方式""理念"或者说"哲学"，要统率这个集团是不可能的。而且这种"思维方式"必须基于普遍正确的价值观，必须能够获得全体员工的共鸣。如果没有这样的哲学，集团就会化作乌合之众。

在交叉错综的状态下，找不出问题的答案。要解开这团乱麻，就要弄清为什么会产生这个问题，就要回到事情的原点。从现状向后一步步追溯，到达问题的发端之处。这样的话，就能明白，事情是如何变化以至到达今天的胶着状态的。

几乎所有的场合，在问题复杂化以前的状态都是惊人地简单。就从这简单的状态出发，寻找解决的方法。

越是看似错综复杂的问题，越是要赶快回归原点，依据单纯的原理原则做出决断。那些棘手的、貌似无法解决的难题，只要正面面对，以真诚的目光，根据单纯明快的原理，从是非、善恶的角度判断就能解决。

一读

一悟

即使遭遇困难，也决不逃避。当陷入困境、苦苦挣扎时，如果抱有"无论如何也必须成功"的紧迫感，就会突然发现平时忽视的现象，从而找到解决问题的线索。

无论何事都认真面对，正面碰击——有时这等于把自己逼入背水一战的境地。就是说，遭遇困难时决不逃避，抱一股憨气傻劲正面迎击。

这确实很难，但你直面的问题非解决不可。这时候，你是躲避困难，逃之夭夭，还是与困难正面对峙，正面交锋？这是能否做成大事的关键所在。

"体验重于知识"，这一条也是人生重要的原理原则。换句话说，"知"未必等于"会"。千万不要以为只要"知"就"会"了。

进入信息社会，进入偏重知识的时代，认为"只要知道就自然会了"，这样的人增加了。"会"和"知"中间有一条又大又深的鸿沟，只有靠现场的经验才能填补。

仅凭知识，在实践中几乎发挥不了任何作用。必须把知识提升到"知识要这样运用"的"信念"的高度，即提升到"见识"的高度。

但是，这还不够。还必须把这种见识提升到"胆识"的高度。所谓"胆识"，就是不管发生何种情况都要绝对实行、毫不动摇的坚定的决心。

一读

一悟

我们不应该成为现状的奴隶。一旦成
为现状的奴隶，就只会得出环境险
恶、自己的梦想脱离现实这种消极的
结论。然而，具备强烈愿望的人却会
千方百计、绞尽脑汁去解决遭遇的问
题，在目标实现之前绝不放弃。

人们根据"事情应该是这样的"，最初描绘了理想。为了接近这个理想，怎么做才好呢？思考这个问题的人才是真正的理想主义者。

对现状仅仅限于改良的话，往往趋向避难就易的改进方向，而一旦遭遇壁障，就会另找出路。如果此时有两条路，就会轻易选择好走的路。

不要轻言"挑战"。只有证明你具备正面面对困难的勇气，具备长时期忍受辛劳的体力和精神力，才有资格讲挑战。并不具备这些素质而随意使用"挑战"这样的词语的人，被称为"蛮勇之人"。

如果缺乏排除万难干到底的勇气，那么，不管拥有多少知识也不起作用。许多人都知道应该这么干，但待到需要付诸行动时，却犹豫彷徨，因为他们缺乏勇气。

为什么不能鼓起勇气呢？因为他们太爱护"自己"了。他们顾虑重重："会不会遭人诽谤？会不会被人讨厌？"因为明哲保身，所以不能实行。

只要从这种过度爱己的束缚中解脱出来，那么，不管多么困难的事情都可以付诸实行。

一悟

人生难遂人愿。但是，这不过是单纯事实的投影而已。所谓单纯事实，说的是自己的心。就是说，在自己心中描绘的消极形象成为障碍，因而无法抓住幸福。

常抱利他的思想，生活中充满感谢之心的人，一定能得到宇宙的恩惠。

相反，只要自己好就行，满心利己的人，无论干什么都不如意，都不顺利。

一读

一悟

8月23日

爱具备伟大的力量

"付出吧，只要付出就能获得"，或者说"好心必有好报"。古今东西无不强调爱所具备的伟大力量。你付出的爱一定会返回到你自己身上，给你带来幸福。

天地自然让我们存在，乃这个宇宙的必须。没有一人一物偶然来到这世上，因此，这世界没有任何东西是多余的。

北极圈的冻土地带，众多植物趁着短短的夏季一齐发芽，尽量多开花、多结子，让短暂的生命活得浓密精彩。

为此，它们在漫长的冬季里拼命储备，努力把自己的生命延续给下一代。真可谓无杂念无余念，全心全意活在当下这一刻。

充实一个个瞬间，跨过一座座小山。
这种小小的成就感连绵不断地积累，
无限度地持续。这么做的话，乍看似
乎曲折迂回，但其实这才是达到高远
宏大目标的最确凿的道路。

首先，对于看起来难以做到的事情，必须韧性十足，坚持再坚持，直至成功。要打破自己心中固化了的常识——"自己只能做到这一步了"，这种顽固的既成观念，妨碍人们超越界限达至成功。

突破了壁障的这种自信，能使整个人格变得强韧有力，而这种坚韧不拔的品质又会把人引向新的成功。

对于价格、质量、交期等，要服务彻底是有界限的。但是，对于客户的态度，服务是没有界限的。

8月29日

即使以完美为目标，也做不到差错为零。然而却不能因此认可百分之九十九正确就行。如果百分之九十九可以容忍的话，下次百分之九十也说得过去，不！百分之八十、百分之七十也无所谓了。那样的话，公司经营就会怠慢，公司内部纪律就会松弛。

百分之百就是百分之百。

在别人的命令之下工作的时候，人不过是无目的地、无意识地采取行动而已。

相反，在主动要求参与经营的时候，不是被动接受命令，而是自己积极地陈述自己的想法，同时，无论如何也要努力把工作做好、做成功——这种责任感、使命感就会萌生出来。

不依赖任何事物，也不被任何事物所束缚，秉持"独立自尊"的精神，依靠自己的力量开拓自己道路的人；比谁都灵活，能够依靠自由想象拓展事业的人，才是在21世纪成功培育新事业的经营者。

9 ^月

企业经营，可以被比作马拉松比赛。如果是这样，那么我们只是一个创业不久的小企业，是一个参加长距离赛跑的业余团队，起跑又比别人晚。在这种情况下，如果我们还想参赛的话，那么，我想只有用参加百米赛的速度奔跑才行。有人认为这样硬拼身体肯定吃不消。但是，我们起跑已迟，又没有马拉松的经验，若想取胜，非如此不可。如果做不到这一点，我们一开始就不应该参加比赛。

公司好比城堡的石墙。石墙中既有大石头，也有小石块。同样，公司既有规模很大的事业，也有小规模的事业。只是大石头排列在一起，石墙经不起风吹雨打。只有把小石块充填其中，石墙才能砌得牢固。大石头和小石块组合在一起，才能建成大的坚固的城墙。与此同理，将大大小小各种事业搭配组合，这就是经营。

一悟

9月3日　　　　　商人的利润等同于武士的俸禄

石田梅岩说："经商不是卑劣的行为。商人获得利润同武士得到俸禄本质上没有任何区别。"

这一教诲的根本前提是：经商不可有卑怯的举止，不可用不正当的手段获取利润。

看看资产负债表，内部留成很少，又瘦又弱的样子，但有的经营者却意识不到。因为还有利润，他们就觉得还算不错。但是，这时候，企业却饿得发慌，正在出声哭泣呢。

9月5日

公司业绩比较好的时候，我们往往容易放松对经费的控制，觉得"花一点小钱无所谓"，或是"不必那么小里小气的"。

一旦养成了自我放松的习惯，当形势变得严峻时，即使想要紧缩经费，也很难恢复到原有的状态。因此，无论在什么情况下，我们都必须注意节俭。

对我来说，企业经营就是把开发出来的产品投入生产，通过销售获得销售额。销售额减去花费所得的差额，就是损益，仅此而已。

我在京瓷上市时，自己所持原始股一股未抛，而发行新股所获利润全部归公司所有。而且当时我还不到40岁，我思考的是趁着上市的机会"从今以后得更加努力工作"。

因为上市后，我不仅要继续为员工及其家属考虑，而且还要为一般投资者的幸福考虑；不仅不能休闲放松，而且我负的责任将更大、更重。

上市不是终点，归根到底上市只是新的起点，企业此后必须更好地发展。

所以在上市时，"回归创业的初衷，汗流浃背，尘土满身，与员工们同心协力加油干！"——我一边鼓励员工，一边也重新下定了决心。当初的情景至今记忆犹新。

9月9日

销售最大化、费用最小化

"追求销售额最大化和费用最小化"可谓经营的精髓。"这种行业的利润率也就这样了"，一般的企业都是按照这种默认的常识开展经营的，但是如果按照"销售最大化、费用最小化"的原则，就可以无限地提高销售额，也可以把经费支出降低到最小限度，作为结果，利润也可以无限地增加。

我认为，定价就是定企业的死活。

给产品定价有多种考虑方法。是低价，薄利多销，还是高价，厚利少销？设定价格有无数种选择。可以说，定价体现经营者的经营思想。

经营企业却不注意每天的数字，就好比整天不看仪表盘开飞机一样，连自己正在何处飞行，要在哪里着落，都搞不清楚了。

利润表可以描绘出经营者每一天的行动。

"经营企业最可靠的东西究竟是什么？"我不断地认真思考。烦恼之余，我得出一个结论："人心"是最重要的。

如果说最容易动摇、最难把握的是人心，那么，一旦相互信赖、心心相连，最坚牢、最可靠的还是人心。

所谓经营，就是如何来指挥由人组成
的集团。所以不观察人的心理活动，
经营就无从谈起，忽视人心就无法经
营企业。

一般认为，企业经营的重要因素是人才以及产品、设备、资金这些眼睛能看见的资源。但是，经营理念、经营哲学这些眼睛看不见的东西，对于维持企业生存、促使企业繁荣，也是必不可缺的因素。

即使具备了足够的资金，即使汇聚了优秀的人才，但如果企业的理念或哲学不明确，员工的方向不统一、力量分散的话，就不能发挥作为组织的力量。

9月15日

对于不理解我的想法的人，为了让他们明白、让他们理解，我会挤出时间，哪怕花一小时、两小时来说服他们，一直到他们改变自己的想法为止。

无论堆砌多少动听的辞藻，如果自己不带头实行，就不能抓住人心。想让别人做事，首先自己要冲在前面，用行动做出表率。这样，周围的人才会追随你。

有一种声音说，不管领导者做什么，员工都无法培育、不会成长。但是，如果领导者带头示范，员工仍然不会成长，这样的员工不培育也罢。跟在干劲十足的社长后面，见样学样，像社长一样拼命工作。只有培育这样的员工，才有价值。

不是很出色的企业，头脑聪明的人都不肯进来，即使进来，也会很快辞职，只有愚钝的人留下来。然而，经过四十年，当时看起来愚钝的人，却变成了非凡的人。是持续让平凡的人变得非凡。一辈子只做一件事，不腻烦，精益求精，这样的人，结果就成了所谓的名人和达人。

一读

一悟

尽管很想招聘头脑聪明的人才，但还是聘用了人品好的人。招聘员工绝对不能光看能力。现在，我们特别渴望招到优秀的专家，但没有兼备良好品质的人，我们不招。

我们经常告诫自己，在企业经营中不要持有固定观念。在利润方面、在组织形态方面等，没有什么东西比所谓的经营常识更为可怕。

一卖

一悟

尽管经济环境的变化非常剧烈，但有的企业照旧能够保持百分之五的利润率。这是基于自身的常识制定目标的缘故。只要达到自己认定的利润率就心满意足了，他们并不奢望比这更高的目标。

社长每天来到现场，成为熟知现场的专家权威。进入现场，员工说"社长太厉害了，我们都赶不上他"。社长要做到这种程度。

既然创办事业，当然要获得利润。但利润归根到底只是结果，必须通过事业，尽到"为社会、为世人"的大义。

经营的目的，换言之，就是经营者的人生观。扭曲的人生观产生的狂热激情，也可以取得一时的成功吧，但是最终必将导致事业的失败。与此相反，净化自己的人生观和哲学，具备优秀的人格，就可以避免重犯同样的错误，就不会失去已经到手的成功。

如果想要让企业不断发展，首先要求经营者持续努力，不断拓展作为领导者的器量，换句话说，就是不断提升自己的人性、哲学、思维方式和人格。

一般来说，作为经营者有一点可以自由支配的金钱该多好啊，或者说，自己为企业付出了如此多的辛苦，多得一点好处总可以吧。不知不觉中就会冒出这种念头。

但是，我认为，同因此而失去威势和号召力相比，经营者没有负疚感，能够带着魄力、自信和勇气，堂堂正正带领员工前进，这才是上上策。

一读

一悟

9月27日

向组织注入生命

组织本来是非生物，但因为被注入了经营者的意志、意识，它就好像生物一样，开始生气勃勃地活动起来——像这样向组织注入生命，不正是作为领导者的社长应该履行的使命吗？

因为是经营者，所以先要喜欢自己的公司，要喜欢自己正在干的工作，把它当作自己的天职。因为喜欢，就能像"傻瓜"一般拼命努力。公司将来要发展到多大，没有考虑的必要。每天全力以赴，明天比今天做得更好，不断钻研创新，不断进步，只要做到这一点就行了。

一读

一悟

所谓收购、合并，就是文化完全不同的企业结为一体，就像企业间的联姻。因此，就要最大限度地体谅对方，为对方考虑。

帮助对方，给对方以恩惠，由此使自己的事业获得成功。事业的精髓就在这里，缺乏利他之心，就不会有真正的事业成功。

一卖

一悟

10 ^月

经营者犹如一国一城之主，必须具备"怎能败给别人"的气概，具备格斗般激烈的斗魂，带领员工冲锋陷阵。

10月2日

经营者必须具备不畏惧任何困难的不屈不挠的精神。一心一意，拼命努力，抱定信念，排除杂念，志气高昂，坚韧不拔干到底。

对小问题做简单判断时，采取轻率态度，委托部下了事；只有觉得是重要判断时，才由自己来认真研究。这是一般的做法。但是，平时对小问题随意判断，一旦出现突发的紧急情况，哪怕使出浑身解数，也做不出好的判断。平时就要养成习惯，无论多么细小的问题，都要集中心思，认真思考。

社会上有人认为，所谓好上司，就是把事情都委托给部下，交代部下说："你们合计合计，好好干吧！"但是，工作不是委托给部下就万事大吉了。就在这种放任部下随意行动的上司中，逃避认真思考、认真判断的人特别多。

组织运行中最重要的事情，就是让真正有实力的人来担任组织的领导者。出于温情主义，论资排辈，让缺乏能力的人充当领导者的话，公司经营就会走进死胡同，让全体员工陷入不幸。虽然经验不足，但是德才兼备，充满热情，受人信任和尊敬，把这样的人物放到适当的领导岗位上，公司才能在严酷的竞争中脱颖而出，成长发展。

一悟

人事任免要光明正大，秉持公平原
则，不可掺杂私心。

"人"这个字靠一撇一捺才能成立，人不能一个人生存。与此同理，经营只靠一个人是很难的，经营需要伙伴。

二把手的条件，第一是个"人物"；第二是"对管理会计学的数字敏感，认识清楚"；第三是"能够听取部下意见，汇集众人的智慧，对事情做出决断"。

企业成长发展，同企业领导者作为人的器量拓展是一回事。单单是企业规模扩大，领导者疲于奔命，是绝对不行的。另外，在企业工作的员工如果不成长，企业就不能盲目扩大规模。

经营小企业获得成功的经营者，随着
企业的发展，随着企业规模的扩大，
掌握不好经营之舵，导致企业倒闭，
这是常有的事。这是随着组织变大，
经营者自己的器量没能拓展的缘故。

从"为了大家"的动机出发，建立强有力的事业计划，这时候工作就能顺利开展。如果动机是只想自己赚钱，那么不管如何努力建立的计划，一碰到障碍，就无法实现。

事业的目的必须体现出做人的崇高的
理想。那么，为什么需要高层次的事
业目的呢？金钱欲和名誉欲，伴随着
罪恶感，消耗巨大的能量。这样的罪
恶感，会大大降低做好当前工作所必
需的能量的水准。

具有光明正大的目的，人就不会有恐
惧感，不会有罪恶感，就可以最大限
度提高自己能量的水准。

市场总有限度，因此，为了让企业成长发展，无论如何都要创办新事业，谋求多元化。还有，为了不让单一事业的盛衰左右整个企业的命运，也需要多元化。多元化是中小企业向中型骨干企业跃升的"登龙门"之举。

一悟

10月14日

中小企业创办新事业，多元化获得成功的秘诀，首先是拥有擅长的技术，从彻底地磨炼这一技术出发。

经营需要"信赏必罚"。在这种严格要求的背后，时时流露出的经营者对于员工们的温暖的关怀之心，才能让员工们愿意紧紧追随经营者。

10月16日

领导者的行为、态度、姿势，是善还是恶，不仅在领导者本人身上展现，它会像野火般向整个集团扩散。集团，那就是反映领导者的一面镜子。

关于领导者应有的姿态，中国古代典籍里说，必须远离"伪""私""放""奢"这四种思想行为。就是不可作假，不可自私，不可任性，不可追求奢侈。简单地说，领导者必须是人格高洁的人。

一麦

一悟

第一，严格划清公私界限。第二，对
企业具备无限大的责任感。第三，将
自己的整个"人格""意志"全部注
入企业。第四，为追求全体员工物心
两面的幸福，持续付出不亚于任何人
的努力。第五，为了获得员工们的尊
敬，不断提高自己的心性，实践哲
学，达至极致。

一方面，只靠西乡隆盛的"志"和"诚"无法经营企业；另一方面，只靠大久保利通的"合理"和"逻辑"无法掌握人心，无法凝聚团队的合力。从成就明治维新的这两个历史人物身上，我学到了温情和无情、大胆和细心。我认为，如果不是同时具备这两个极端的话，要成就新的事业是不可能的。

一读

一悟

斗争心和决不服输的精神是双刃剑。一方面，没有这种精神，企业无法发展；另一方面，它一旦过度，就会招致企业的破灭。成功的原因和没落的原因相同，大家要充分理解这一点。

所谓真正的经营者，就是指将自己的全智全能、全身全灵都一股脑儿投入企业经营的人。无论在头脑里对卓越的经营手法、经营理论和经营哲学理解得多么清楚，仅凭这些，不可能成为一个优秀的经营者。能否倾注全部心血，抱着强烈的责任感投入每一天的工作，这样的精神能持续多长时间，这些才决定了经营者真正的价值。

一读

一悟

10月22日

领导者必须是人格完美的人。为了带领集团走向正确的方向，不光要有能力，要能胜任工作，而且要不断钻研，提升心性，磨炼灵魂，成为一个具备高尚人格的人。

我认为，才能是为了把集团引向幸福，上天按照一定的比例给予人间社会的一种资质。因此，有幸被授予才能的人，就应该将这种才能用来为世人、为社会、为集团服务，而决不能用于为自己谋私利。

一度

一悟

领导才能与生俱来的人，就必须履行
作为领导者的义务，决不能因为被上
苍赐予了才能而变得傲慢不逊，决不
可将天赋的才能据为私有，而是应该
更加谦虚，应该为集团、为社会用好
自己的才能。

市场经济只有在严格的规范之下才能有效地发挥它的功能。所谓自由的经济社会，绝不是只要赚钱就可以为所欲为。作为市场经济旗手的企业经营者，必须确立从任何人看来都是普遍正确的经营哲学，必须严格自律。

一卖

一悟

10月26日

大企业为了对经济社会的健康发展做出贡献，就是说，为了控制自己强大的力量，应该努力确立比一般企业更为严格的、自我管理的规则，应该严格自律。大企业的经营者首先必须认识到，企业和企业集团走向巨型化，就很有可能对社会产生破坏性的影响。

所谓"王道"，就是基于"德"的政策；而所谓"德"，中国从古以来用"仁""义""礼"三个字来表达。

所谓"仁"就是关爱别人。

所谓"义"就是符合道理。

所谓"礼"就是懂得礼节。

"仁""义""礼"三者兼备的人被称为"有德之人"。就是说，所谓"德治"，就是用高尚的人格来治理集团的意思。

随着全球化的发展，有时难免与外人发生争执。这时候，随时都要扪心自问，判断的基准是不是放在"作为人，这么做究竟对不对"这一点上。因为这个基准具有普遍性，所以，即使彼此的文化习俗有若干冲突，但在根底上，对方一定会理解并产生共鸣。

即使蒙受损失，也要兑现承诺的哲学；明知吃苦也甘愿接受的觉悟。自己的心中有没有这种哲学和觉悟，这才是能不能获得成功果实、能不能度过幸福人生的分水岭。

正确的哲学不仅要运用理性认真理解，而且必须经过反复学习，努力使它变成自己的血肉，否则就没有意义。通过这样的努力，就能够修正自己原有性格中的缺陷和弱点，就能够塑造自己新的人格，即所谓"第二人格"。

为了提升和磨炼自己，应该刻苦读书。当然，在人生中最重要的事情是通过实际经验来学习。但是，读书能使经验变得更有意义。

一读

一悟

11月

集团为了团结一心，推动事业向前发展，事业就必须拥有"大义名分"。需要明确这项事业对于社会具有何种意义，能够做出什么贡献，必须具备高层次的目的。

领导者首先要明确集团应该瞄准的目标，与此同时，必须与员工共有这个目标。重要的是，打造一个全体员工都从心底乐于与领导者共同奋斗的集团。

责任重大，一刻也不容懈怠，一天接一天，持续付出不同寻常的努力，这才能得到一个评价——那是你本来就应该做的。平心而论，当经营者或许真是一项最为得不偿失的工作。经营者能够获得与他们的责任相对应的报偿吗？我认为可以获得。正因为经营者忘我献身的努力，才让众多的员工对现在和将来的生活充满希望，他们才会由衷信赖经营者，尊敬经营者。这个用金钱无法衡量的人们的幸福快乐，以及他们的感谢之情，就是经营者付出艰辛而收获的报偿，这是任何东西都无法替代的。

在社会中，取得领导权的人，现在被
人们要求具备"当选者"的伦理观。

本来，地位高的人，都具备值得人们
尊敬的哲学和价值观。

现在的领导者应该觉悟，应该把"利
己"的价值观搁在一边，把立足于
利人利世的价值观作为经营的使命。

释迦牟尼说，为了达到开悟的境界，有六波罗蜜这个修行的方法。

这个六波罗蜜的修行第一条就是"布施"。"布施"就是施舍的意思，就是救助别人。

第二条是"持戒"，就是遵守戒律。规定作为人不可以做的事情，强调遵守这个规定，就是向我们指明了正确的为人之道。

第三条是"精进"。要拼命努力，要努力工作。强调在人生中工作比什么都重要。

第四条是"忍辱"。强调不管遇到怎样的艰辛，不管遇到什么，都要忍耐。

第五条是"禅定"。说的是哪怕一天一次也行，"要让心灵安静下来"。

如果做到了这五条，就可以到达"智慧"也就是"开悟"的境界。

我从设立公司的时候开始，别的几乎一无所知，只是抱着这些想法，努力实践至今。

11月6日

在新的领域中屡屡碰壁，走进了死胡同。我有过这种经验。在这种情况下，往往会把全部精力放在解决当下的问题上。但即使当下的问题解决了，却稍稍偏离了目标。当反复致力于解决眼前的问题时，不知何时起，就已经远远地脱离了原有目标。

之所以出现这种局面，是因为随机判断，就事论事，没有回归到事物的原点。只有看准事物的原点，立足于事物本质的判断，才能在未知的领域中获取成功。

倡导道德的人，没有必要非圣人君子不可。要完全遵守道德也许做不到，但是认为道德很重要，想要努力去遵守，有这样的想法本身非常重要。

11月8日

以私心邪念不可能做出正确的判断。不是做出"对于自己"有利的判断，而是要做出"作为人"的普遍正确的判断，这一点我们必须铭记于心。

处在领导者位置上的人，不允许有丝毫的私心。基本来说，领导者不能有个人的立场，领导者"私心"显露的时候，组织就会遭到破坏。

11月10日

经营者在具备强大领导力的同时，又要兼备否定这种领导力的谦虚态度。仅凭强硬的领导力，难免武断，鲁莽行事。仅靠谦虚，在带领企业、集团前进时，就会生气不足，软弱无力。

经营是否正确，取决于成功能否长期持续。经营也好，政治也好，在学问的领域也好，成功并不等于伟大。问题是成功能否持续。成功而不骄傲，保持谦虚态度，始终保持严格自律的克己心。作为人，这才是真正的伟大。

11月12日

针对理想，如果心中抱有"想是那么想，但现实很困难"的念头，那么，它就会成为障碍，使得事情无法成功。

连自己都不相信的事情，人不可能努力去干。描绘强烈的愿望，从内心深处相信这个愿望一定能实现，就能击破困难，让事情获得成功。

在开创新事业时，我从未抱过疑虑和不安，一次也没有。那是我总是把意识集中在课题上，无论睡着还是醒着都持续思考的缘故。透彻思考在事业发展过程中可能出现的所有细节，直到不剩下任何疑问为止。反反复复在头脑里进行模拟演练，直到过程和结果像彩色电影一样在头脑中呈现。这种鲜明的"愿景"会将事业导向成功。

一读

一悟

为什么做这个决断？因为已到了"弹尽粮绝"的精神状态。

先不说物质条件，如果缺乏持久的热情，新事业的成功也好，研究开发的成功也好，都是不可能的。如果热情燃烧殆尽，却仍然看不到成功的希望，这时候我就会抱着满足的心情，光荣撤退。不过前提是奋战到极限。但事情不可能全部如愿以偿。到了这个时点，必须痛下决断，毅然撤退。

缺乏勇气，乍看似乎是缺点。但是，正因为胆小，所以总想着有备无患，为突如其来的情况做好周到的准备。这种胆小但性格慎重的人，如果得到认真培养的话，到时可能转变为出色的人才。就是说，不只是长处，即使看起来是短处，对此人的未来而言，可能也很有用。

一读

一悟

父母对孩子一味骄纵，结果孩子什么都不会做。待孩子长大成人后，他的人生将会陷于不幸。

相反，孩子从小受到父母严格的教育，学会了自我约束，锻炼自己，他的人生就容易获得成功。

前者是小善，后者是大善。

为什么我创立的京瓷和 KDDI 等企业能够发展到今天这个规模呢？我没日没夜埋头工作，惊人努力的气势达到了"狂"的程度。"为社会、为世人，无论如何也要让这项事业获得成功"，我强烈祈愿，一心一意，全力投入。我想，作为这种努力的报酬，上天把储藏在"智慧宝库"里的睿智的一部分慷慨地赐予了我。

一读

一悟

11月18日

无论是为了度过美好人生的活法，还是为了获得优秀业绩的方法，都绝不是什么复杂的东西。

一方面，取得成功也不忘谦虚，懂得知足，对一切都表示感谢；另一方面，即使遭遇不幸也坦然接受，保持积极向上的态度，为了培育这种优秀的人格，时时整理自己的心绪，提升自己的心性，只要不知疲倦，不断努力去做就行了。

逆境是重新审视自己，让自己快速成长的、不可多得的机会。不要悲叹，不要从负面来看待逆境。应该把逆境看作强化自己意志的良机，勇敢面对。只有通过逆境的考验，才能成就自己的志向。

如果说，人活在现世最重要的任务是
提升心性，那么在人们的情感中，最
纠结、最痛苦的，莫过于要宽恕那些
不能宽恕的人和事。这同时也是最艰
难、最重要的修行。但是，只要超越
这种障碍，就能获得比任何修行都更
有效的提升心性的机会。我们的心灵
就会因此而充满光辉。

美国作家雷蒙德·钱德勒在其小说中写道："男人不强悍，就无法生存；但无爱心，就没有生存的资格。"不仅是一般的男人，经营者也一样。

一味强悍的经营者，让人感觉不到任何的魅力。只有在刚强中隐含慈爱，才会魅力四射，成为众人仰慕的人物。

一读

一悟

我自己就是这样。"全力投入工作，对社会做出贡献，自己就会感到幸福。"这种人生态度，不管时代如何变迁，人们最终都会追求。这是因为，无论社会如何演变，人心求善的本质都不会改变。

"利他"，换句话说，就是"为社会、为世人尽力"。我认为，这样的行为是作为人最高贵的行为。

11月24日

只要朝着"诚实、谦虚、仁爱、纯朴、温和、关爱"这些词语指示的方向前行，就能接近灵魂的本质，度过美好的人生。

真我存在于我们心灵的正中央。它完美至极，它充满着爱、真诚及和谐，它兼备真、善、美。人类为什么向往并不懈地追求真、善、美呢？因为人的心灵的中央存在真我，真我具备真、善、美。正因为我们心中本来就潜藏着真我，我们才会苦苦追寻，锲而不舍。

如果希望使企业业绩更加出色，经营者除了提高自身的心性并磨砺人格别无他法。

我本人从京瓷公司创业之初，就深深意识到"如果经营由领导者的器量所决定的话，那么作为领导者的我自己就必须时刻磨砺并提高器量"，并且一直为此坚持不懈地努力。

与别人的信赖关系，是自己内心的外在反映。即使自己蒙受损失，也要相信别人。只有这样，才能产生互相信赖的人际关系。信赖，应从自己内心而不是从外面求得。

11月28日 承担损失的勇气

越成功，越伟大，就越应谦恭行事。
没有率先承担损失的勇气，就不能成
为领导者。缺乏付出自我牺牲勇气
的人若居高位，他的部下就会陷于
不幸。

在直面苦难的时候，是不是就此认输，放弃理想，随意妥协？能不能不把苦难当苦难，一直努力，不懈奋斗？在这里，就有人能否成长的分水岭。

一读

一悟

11月30日

一个小和尚向长老请教:"地狱在哪里?"

长老答道:"有一口直径一米的大锅,锅里热气腾腾,煮着美味的面条。但是吃面条的筷子也有一米长。"

"我们想象一下,会产生什么情景。大家都饿了,拿着这长筷子争吃面条。但筷子太长,可以夹住面条,却送不进口。可是每个人都想第一个吃,都发狂似地争抢。于是就乱了套,开始吵架,结果面条撒了一地,谁也没能吃到。这就是地狱。"

小和尚接着又问:"那么天堂又在哪里呢?"

长老答道:"天堂里也是这锅、这筷、这面条,但是那儿的人用筷子夹起面条,朝锅对面的人说:'这面条可好吃啦,请先尝尝。'对面的人很开心地吃了,然后说:'谢谢您,让我报答您吧。'于是夹起面条送到这方的嘴边。这样所有的人都高兴地享用了美味的面条。就是说,一颗利他的心,让众人得享至福。"

只考虑自己,还是先为对方着想,这决定了我们的人生是在天堂还是在地狱。

12 ^月

12月1日

"经营十二条"立足在"作为人，何谓正确"这一最基本的、普遍正确的判断基准之上，所以它不仅超越行业和企业规模的差异，而且超越国境、超越文化、超越语言差别，普遍适用。

1. 明确事业的目的和意义

树立光明正大的、符合大义名分的、崇高的事业目的。

2. 设立具体的目标

所设目标随时与员工共有。

3. 胸中怀有强烈的愿望

要怀有渗透至潜意识的强烈而持久的愿望。

4. 付出不亚于任何人的努力

一步一步、扎扎实实、坚持不懈地做好具体的工作。

5. 销售最大化、费用最小化

利润无须强求，量入为出，利润必定随之而来。

6. 定价即经营

定价是领导的职责。价格应定在客户乐意接受、公司也能盈利的交会点上。

一悟

7. 经营取决于坚强的意志

经营需要洞穿岩石般的坚强意志。

8. 燃烧的斗魂

经营需要强烈的斗志，其程度不亚于任何格斗竞技。

9. 临事有勇

不能有卑怯的举止。

10. 不断从事创造性的工作

明天胜过今天，后天胜过明天，刻苦钻研，不断改进，精益求精。

11. 以关怀之心，诚实处事

买卖是互相的，生意各方都要得利，皆大欢喜。

12. 保持乐观向上的态度

抱着梦想和希望，以坦诚之心处世。

一悟

我创建"经营十二条"的前提是："愿望决定自己的人生。只要是发自真我或理性和良心的强烈的愿望，它就一定会作为结果显现出来。"

就是说，经营十二条的所有的条文，都渗透着"愿望定能实现"这一思想。

为实现大志，必须集结众人之力。此时，至关重要的便是"正确的道义"。具备高远的志向、一心一意拼命努力的人，其周围自然会聚集志同道合的人。伙伴同志逐渐增加，到时便能实现当初无法想象的伟大成功。

成功无捷径。始终满怀热情，坚持努力，认认真真，踏踏实实，看起来这是愚笨无比的方法，实际上却是通往成功的王道。

只有具备了脱离利己的正确的判断基准、正确的价值观，我们才会懂得"知足"，才能从内心感受到"富裕"。

一卖

一悟

完美无缺的人并不存在，是人有时就
会犯错误。但是，每当有错时，就诚
恳地反省，拼命努力以不犯同样的错
误。这样的反省每天都反复进行，就
能一点一点地提升自己的人格。

我坚信，通过每天反省而提升的人格，不仅最坚定，而且最高贵。正是这样的人格，才能把我们引向幸福的人生之路。

12月11日

人往往身处优越的环境，却对分配给自己的工作不感兴趣，觉得无聊而满嘴牢骚。但是，抱着这种心态，命运不会好转。应该把分配给自己的工作当作天职，努力喜欢上这项工作，并全力投入。

在这么做的过程中，不满和牢骚就会消退，工作应该也能顺利开展。再持续拼命努力的话，卓越的思维方式、优秀的人格，就能变成自己的东西；作为结果，就能度过物心两方都富裕的人生。

要成就某项事业，需要极大的能量。正因为如此，必须具备任何人从任何角度看都能认同的高迈的志向和目的。否则，就不能发挥出自己具备的全部潜力，就不能得到周围人的帮助，就不能将成功延续下去。

一英

一悟

因为企业是人的集团，所以从人的欲
望出发，"想要赚得更多"的行动，
不管怎样都会冒出来。但是我认为，
经营的目的，如果仅仅是让自己的公
司利益最大化，那么企业要持续成功
是不可能的。

遭遇灾难，过去的"业"会消去。为此，"值得庆幸。这种程度的灾难，就能把事情了结"。因而表示感谢，朝着光明的方向，积极改变思维方式。即使是灾难，也要乐观解释，这样就能让事情向好的方向转变。

如是顺境当然"好"，即使是逆境那
"也好"——不管自己身处何种境遇，
都要抱着积极的心态朝前看，任何时
候都要拼命工作，持续努力，这才是
最重要的。

人生有晴天也有阴天。在适逢幸运的时候不必说，即使在遭遇灾难的时候，也要把它看作修行，对于它还让自己活着表示感谢，这就能够净化自己的心灵，将事情朝好的方向转化。

一笑

一悟

我认为，认真投入每一天的工作，就能提升人格。就是说，拼命工作不仅能够带来生活的食粮，还可以提高人格。

二宫尊德[①]就是一个典型的例子。他一辈子在田间拼命劳作，勤奋刻苦。在这个过程中，他领悟了真理，提升了人格。正因为尊德达到了这种境界，所以作为领导者，他能够汇聚众人的信任和尊敬，拯救了许多贫困的乡村。

---

① 二宫尊德是日本江户时代末期的农政家。——编者注

改变对于劳动的价值观，在今天的社会是最重要的课题。尽可能不劳而获、少劳多获并非好事。勤奋工作不仅能获得生活的食粮，而且能得到精神的满足，并与磨炼人格有密切的关系。应该让更多的人树立这种观点。

一读

一悟

在漫长的人生旅途中，你会经历多种失败、困难和挫折，但是，这一切，同时也是难得的磨炼心志的机会，促使你发奋图强，通过诚实的努力，去实现自己的梦想。上苍绝不会无视真诚的努力和追求正确的决心。

"求利亦有道。"真正的企业家不可逸出为人之道，应该在符合"道"的范围内追求利润。

12月21日

社长以及站在企业领导者岗位上的人，只有把自己的能力百分之百注入企业，才是社长，才是领导者。说真的，连自己的私人时间也挤不出来，能如此严酷自律的，才是领导者。

世间常把"不言实行"当作美德，而京瓷却强调"有言实行"。首先，自己主动举手，"这件事我来干"。这就意味着你已经向大家宣布：这件事将以自己为中心展开。一旦公开宣言，来自周围和你自身的双重压力将促使你振奋，把你自己逼入非成功不可的境地。必须兑现承诺的责任，可以确保目标的实现。

一读

一悟

12月23日

社长必须是公司里比谁都更拼命工作的人。比员工先回家，嘴里却喊着"加油、加油"的社长下面，员工不会努力工作。上面的人拼命努力，让下面的人觉得"他如此拼命，好可怜啊"，不达到这种程度，部下不会跟随。

有人说"一味工作不是人生。兴趣和娱乐必不可少"。但是，让我来说的话，对于自己的本职工作无法全神贯注的人，作为替代，才想从兴趣等中寻找自己的快乐。如此而已。

一读

一悟

12月25日　　　　　　　　　　　　痛苦中的活法

人生苦多乐少。有时我们甚至怨恨神佛，为什么只让自己经历那么多的苦难？但这些苦难正是磨炼我们灵魂的考验，我们需要这样来思考问题。苦难是考验，是锻炼自己人性的绝好的机会。

能够把考验看作机会的人——只有这样的人，才能在有限的人生中让自己的生命绽放光彩。

相对于浩瀚宇宙的历史长河，我们的人生不过是一闪而过。但正因为如此，在我们稍纵即逝的人生中，我们的灵魂在终结时的价值必须高于降生时的价值，这才是我们生存的意义和目的。这是我的人生观。

进一步说，朝这个方向努力的过程本身就体现了人的高贵，就揭示了人生的本质。

我们只有灵魂可以带去来世，财产、名誉都带不过去，只能是孤身一人踏上新的征程。那时候，我们可以佩戴的勋章，就是一个更美丽的灵魂，一颗更光明的心。

死后我们的肉体消亡，但灵魂永存不灭。因为我有此信仰，所以在我看来，现世的死亡，归根到底，无非是意味着灵魂开始新的征程。因此，对于这新的旅行应该做好周到的准备。最后二十年的人生，我想再次学习人生的意义，为死亡做好准备。

12月29日

来自工作的喜悦，并不像糖果那样，一放进嘴里就甜味十足。有格言道："劳动有苦根甜果。"喜悦从苦劳与艰辛中渗出，工作的乐趣潜藏在超越困难的过程之中。

年轻时即使遭受苦难、经历挫折，也决不可气馁、决不可消沉。要认识到，这是神灵赐予我们的"成长的食粮"。神灵赐予我们苦难，激励我们把苦难作为食粮，"把今后的人生过得更幸福！"

一卖

一悟

哪怕家财万贯，哪怕声名显赫，哪怕
统率众人，权势熏天，当人生走到终
点，死亡降临的时候，肉体以及一切
有形之物统统不能带走。不过，也并
不是一切都归于虚无。只有人心底的
"灵魂"才会作为人生的结果留下来，
并被带往来世。如果是这样的话，那
么，所谓人生的目的，就在于塑造美
丽的灵魂。而所谓的人生，无非就是
为了磨砺灵魂，上苍赐予我们的一段
时间和一个场所而已。

编辑后记

敝公司学习人类学的月刊杂志《致知》创刊于1978年。该杂志每期都决定一个专集主题，然后刊登符合该主题的人物的讲话。其中，2021年4月期，专集"向稻盛和夫学习人间学"出版后，读者的反响十分强烈，大量表达感动的信件从全国各地寄来。另外，在这一专集中，也包括了语录页"稻盛和夫——震撼灵魂的语言"。"从稻盛先生的金句中获得了勇气""它指明了人生前进的方向"等信息，从读者中传来，让我们再次感受到稻盛寸言短句持有的力量。

有关本书，在距今大约十年前，京瓷株式会社经营研究部（现稻盛资料馆）和敝社一起，曾经精心选出稻盛先生语录366条。那以后，我们保留珍藏，希望作为敝社已经出版的"每日一言"系列书中新加的一本，到时出版。正好前述语录页反响巨大，趁这个机会，我们提出要求，希望正式出版这本《一日一言》，很快得到了稻盛先生的允诺。托此福本书编辑出版。

金句良言具备让人感动、让人奋起的力量。历经考验、披荆斩棘、开辟新路的稻盛先生的思维方式、人生态度，他的思想和哲学的精髓，通过触摸语录，将给予当下生活在困难中的人们以莫大的勇气和希望，同时，一定会成为引导人们前行的路标。

本书的出版，承蒙稻盛资料馆粕谷昌志先生，以及井上友和先生、椎谷（旧姓北村）恭子女士、岛路久美子女士的大力协助，借此机会，深表感谢。

致知出版社社长
藤尾秀昭
2021 年

参考资料

稲盛和夫的个人著作

* 『新しい日本　新しい経営』（ティビーエス・ブリタニカ、一九九四年）

* 『人生と経営』（致知出版社、一九九八年）

* 『稲盛和夫の実学』（日経ＢＰ社、一九九八年）

* 『日本への直言』（ＰＨＰ研究所、一九九八年）

* 『生き方』（サンマーク出版、二〇〇四年）

* 『新装版　心を高める、経営を伸ばす』（ＰＨＰ研究所、二〇〇四年）

* 『アメーバ経営』（日経ＢＰ社、二〇〇六年）

* 『人生の王道』（日経ＢＰ社、二〇〇七年）

* 『新装版　成功への情熱』（ＰＨＰ研究所、二〇〇七年）

* 『どう生きるか　なぜ生きるか』（サンマーク出版、二〇〇八年）

* 『経営に求められる力』（サンマーク出版、二〇〇八年）

* 『「成功」と「失敗」の法則』（致知出版社、二〇〇八年）

* 『働き方』（三笠書房、二〇〇九年）

* 『こうして会社を強くする』（PHP研究所、二〇一一年）

* 『ゼロからの挑戦』（PHP研究所、二〇一二年）

* 『人を生かす　新装版』（日経BP社、二〇一四年）

* 『京セラフイロソフィ』（サンマ｜ク出版、二〇一四年）

* 『高収益企業のつくり方　新装版』（日経BP社、二〇一四年）

* 『新装版　稲盛和夫の哲学』（PHP研究所、二〇一八年）

稲盛和夫共著

* 梅原猛、稲盛和夫編『良渚遺跡への旅』（ＰＨＰ研究所、一九九五年）

* 佐伯彰一、土居健郎、長谷川三千子、稲盛和夫著『二十一世紀に伝え
  たい 日本の心』（ＰＨＰ研究所、一九九七年）

* 中坊公平、瀬戸内寂聴、稲盛和夫著『日本復活』（中央公論新社、
  一九九九年）

* 中坊公平、稲盛和夫著『徳と正義』（ＰＨＰ研究所、二〇〇二年）

* 梅原猛、稲盛和夫著『新しい哲学を語る』（ＰＨＰ研究所、二〇〇三年）

* 堺屋太一、稲盛和夫著『日本の社会戦略』（ＰＨＰ研究所、
  二〇〇六年）

* 梅原猛、稲盛和夫著『人類を救う哲学』（ＰＨＰ研究所、二〇〇九年）

* 五木寛之、稲盛和夫著『致知新書何のために生きるのか』（致知出版社、
  二〇一九年）

其他著作

* 心学参前舎編『心学が拓く二十一世紀の日本』（心学参前舎、
  二〇〇一年）

* 加藤勝美著『改訂版　ある少年の夢』（出版文化社、二〇〇四年）

* 下村満子編著『ありがとう　おかげさま』（海竜社、二〇〇六年）

除以上记载的，其余是从作者演讲和讲话集等中摘取、编辑而成的内容。

《心：稻盛和夫的一生嘱托》　平装版 / 精装版 / 口袋版 / 纪念版

[日]稻盛和夫　著　　　曹寓刚　曹岫云　译

平装版 ISBN：978-7-115-53619-8　**定价**：59.00 元

精装版 ISBN：978-7-115-54947-1　**定价**：79.00 元

口袋版 ISBN：978-7-115-54946-4　**定价**：59.00 元

纪念版 ISBN：978-7-115-61059-1　**定价**：79.80 元

- "日本经营之圣"稻盛和夫的收官之作。

- 稻盛和夫先生将其传奇人生封装在这本书中，
  将最重要的人生成功和幸福的秘诀传于世人，
  一切始于心，终于心。

《斗魂：稻盛和夫的成功热情》

[日]稻盛和夫　著　　　曹岫云　译　　　曹寓刚　校

ISBN：978-7-115-56121-3　**定价**：59.00 元

- 稻盛和夫成功改造 AVX 的强大思想武器、稻盛
  哲学的体系框架、利他哲学的源头活水。

- 松下幸之助称："年轻人至少应该花时间从头到
  尾读上一遍"。

《六项精进》 平装版 / 口袋版

[日] 稻盛和夫 著　　曹岫云 译

平装版 ISBN：978-7-115-57638-5　定价：69.00 元

口袋版 ISBN：978-7-115-60855-0　定价：59.00 元

· 稻盛和夫经营学核心读本，稻盛和夫在经营实践和生活实践中的切身总结。

· 严格修订稻盛和夫的重要演讲内容，新增实践案例，附有稻盛和夫、曹岫云的精彩点评。

· 被世界 500 强企业奉为圭臬的经营哲学书，值得现代人阅读的人生智慧宝库。

《经营为什么需要哲学》 平装版

[日] 稻盛和夫 著　　曹岫云 译

ISBN：978-7-115-57639-2　定价：69.00 元

· 稻盛和夫经营学核心读本，阐述经营智慧及生活方式、人生态度的智慧。

· 讲述稻盛经营哲学的精髓，畅谈企业长青的秘诀，提出经营需要正确的哲学。

· 附有践行稻盛经营哲学的案例和稻盛和夫、曹岫云的精彩点评，方便实践稻盛哲学时参考应用。

《 学法：稻盛和夫经营学入门指南 》

赵君豪　著

ISBN：978-7-115-59887-5　**定价：** 59.00 元

- · 稻盛和夫经营学的系统总结，企业经营者学习的实用指南。探寻稻盛和夫人生哲学、经营哲学和经营实学之精要，解读稻盛和夫经营学之真髓。盛和塾官方学习教材。

- · 稻盛和夫（北京）管理顾问有限公司董事长曹岫云作序推荐。

《 百术不如一诚 》

曹岫云　著

ISBN：978-7-115-61854-2　**定价：** 59.00 元

- · 稻盛和夫（北京）管理顾问有限公司董事长、浙江稻盛商道研究院院长曹岫云最新力作。

- · 全景式展现稻盛和夫的人生足迹，详细叙述稻盛哲学之精髓，系统阐释稻盛思想理念，一本书读懂稻盛和夫。

我的哲学是我自己在艰苦的工作中、在人生的烦恼中、在认真的思索中，渐渐领悟的。

——稻盛和夫